HEIDELBERGER POETIKVORLESUNGEN

Band 5

herausgegeben von

FRIEDERIKE REENTS

ULF STOLTERFOHT

Methodenmann vs. Grubenzwang und mündelsichre Rübsal

Universitätsverlag
WINTER
Heidelberg

Bibliografische Information der Deutschen Nationalbibliothek

Die Deutsche Nationalbibliothek verzeichnet diese Publikation in der Deutschen Nationalbibliografie; detaillierte bibliografische Daten sind im Internet über *http://dnb.d-nb.de* abrufbar.

Die Heidelberger Poetikdozentur am Germanistischen Seminar ist ein Projekt der Universität Heidelberg in Kooperation mit der Stadt Heidelberg und Teil der Heidelberger „UNESCO City of Literature"-Aktivitäten; sie wird unterstützt durch die großzügige Förderung von Drs. Karin und Peter Koepff.

Diese Publikation wurde gefördert durch:

Heidelberg

GERMANISTISCHES SEMINAR

ISBN 978-3-8253-4624-9

Imprimé en Allemagne · Printed in Germany
Umschlaggestaltung: Klaus Brecht GmbH, Heidelberg
Druck: Memminger MedienCentrum, 87700 Memmingen

Gedruckt auf umweltfreundlichem, chlorfrei gebleichtem und alterungsbeständigem Papier

Den Verlag erreichen Sie im Internet unter:
www.winter-verlag.de

Reihenvorwort

Seit der Gründung der Heidelberger Poetikdozentur im Jahr 1993, die auf Initiative der damaligen Inhaber der Lehrstühle für Neuere Deutsche Literatur am Germanistischen Seminar der Universität Heidelberg, Helmuth Kiesel und Dieter Borchmeyer, in Kooperation mit dem Kulturamt der Stadt Heidelberg zu Stande kam, haben renommierte Schriftstellerinnen und Schriftsteller nicht nur interessierten Studierenden, sondern auch einem breiten städtischen und überregionalen Publikum die Möglichkeit gegeben, Einblick in die Werkstatt ihres literarischen Schaffens zu geben.

Die Idee, Autorinnen und Autoren einzuladen, sich über mehrere Vorlesungen hinweg über eine selbst gewählte Frage zur zeitgenössischen Literatur zu äußern, begleitend aus aktuellen Werken zu lesen und sich den Fragen des Publikums zu stellen, wurde von der Hörerschaft schnell angenommen. Die Poetikdozentur wurde bald zum Markenzeichen der traditionell ohnehin literarisch geprägten Stadt und des naturgemäß dieser Tradition verpflichteten Germanistischen Seminars bzw. der Neuphilologischen Fakultät.

Die gewählten Zugänge waren so unterschiedlich wie die Werke der eingeladenen Poetikdozentinnen und -dozenten und berührten die ganze Bandbreite von Produktions-, Werk- und Rezeptionsästhetik: So sprach etwa Peter Bieri über die Herausforderung, Erfahrungen überhaupt zur Sprache zu bringen; Brigitte Kronauer über die Unvermeidlichkeit, aber auch die Zweideutigkeit von Literatur; oder Louis Begley und Felicitas Hoppe über die jedem literarischen Schreiben zugrunde liegende Unterscheidung von Fakten und Fiktion bzw. Autobiographie und Selbsterfindung. Während Michael Rutschky von Notizkalendern als Prätexten seines Schreibens berichtete, hoben Lutz Seiler oder Frank Witzel die Bedeutung der Popmusik als Impulsgeber ihrer Werke hervor. Während es bei Wilhelm Genazino um Furcht und Zittern der Überempfindlichen, bei Ulla Berkéwicz um den Verbleib des heiligen Schreckens und bei Patrick Roth um Suspense ging, verlegte sich Eckhard Henscheid auf die Frage nach dem Sinn des Unsinns und Martin Walser auf des Lesers Selbstverständnis. Als Vertreterin der Popliteraten sprach Alexa Henning von Lange über den ‚Sound' des Hier und Jetzt, während sich Alban Nikolai Herbst über die Arbeit am Sterben der Schriftkultur Gedanken machte. Zeitgeschichtlich motiviert, ging es bei Volker Braun um das Schreiben nach der Wende und bei Bernhard Schlink, aber auch bei Seiler und Genazino, um das über Vergangenheit und Heimat. Maxim Biller hat uns über den Zusammenhang von Literatur und Politik aufgeklärt – und schließlich wurden wir von Ulf Stolterfoht in die Methoden experimenteller Lyrik eingeführt.

Nach inzwischen mehr als einem Vierteljahrhundert erfolgreicher Zusammenarbeit von Stadt und Universität, seit Jahren großzügig gefördert durch das dem künstlerisch-städtischen Anliegen verpflichtete Ehepaar Karin und Peter Koepff, haben wir uns vor einiger Zeit dazu entschlossen, die zukünftigen, aber auch die vergangenen Poetikvorlesungen herauszugeben. Deshalb wurde diese Reihe gegründet: um den Vorlesungen in immer flüchtiger werdenden Zeiten einen angemessenen Raum in gedrucktem, hoffentlich bleibendem Format zu geben.

Heidelberg im August 2019

Friederike Reents

Germanistisches Seminar der Universität Heidelberg

Inhaltsverzeichnis

Andrea Albrecht
„MIR IST NUN GLÜCKLICH GAR NICHTS KLAR!" 5

Ulf Stolterfoht
METHODENMANN VS. GRUBENZWANG UND MÜNDELSICHRE RÜBSAL

Vorlesung 1: Sätze 17

Vorlesung 2: Titel 41

Vorlesung 3: Lyrische Sätze 65

Zitierte Literatur 89

Andrea Albrecht

„MIR IST NUN GLÜCKLICH GAR NICHTS KLAR!"

Zur Einführung in Ulf Stolterfohts Lyrik

„Gedichte liest man nicht, um sie zu verstehen", vermutet Ulf Stolterfoht 2007 in seinem Essay *Noch einmal: Über Avantgarde und experimentelle Lyrik*, „sondern um das Verstehen ein bisschen besser zu verstehen". Generell sei der Versuch, lyrischen Sprachgebilden im hermeneutischen Prozess einen Sinn zuzuschreiben und sie so einem „Verständnis[]" zuzuführen, „wenig erstrebenswert." Diese Anleitung für die Rezeption lyrischer Texte entspricht einem Konzept lyrischer Produktion. Experimentelle Gedichte sind mithin nicht wie das „konventionelle Gedicht" auf „ein spezifisches, singuläres Sinnziel"[1] hin angelegt, um so „das ‚Eigentliche', das nicht im Bereich der Sprache angesiedelt ist, sprachlich zum Ausdruck zu bringen". Vielmehr sperren sie sich gegen sinnzuschreibende Lektüren, sind schwer oder sogar unverständlich und zeigen sowohl inhaltlich als auch „in Machart und Form" den eigentlichen „Sinn des Gedichts: das Verstehen zu verstehen".[2]

Diese die „Schwerverständlichkeit" und auch „Unverständlichkeit"[3] rechtfertigende Bestimmung gilt nicht nur für die Sprachkunstwerke der historischen Avantgarde und der Neoavantgarde, wie Ulf Stolterfoht sie 2015 in der Münchner Rede zur Poesie *Wurlitzer Jukebox Lyrik FL* aus der Perspektive des Lesers Revue passieren lässt. Seine antihermeneutische Leseanleitung für hermetische Texte[4] gilt insbesondere auch für sein eigenes Œuvre: In seinen Gedichten gibt Ulf Stolterfoht immer wieder einem „antisemantische[n] Impuls“[5] nach, der Sinnzuschreibungen herkömmlicher Art erschwert, wenn nicht unmöglich macht und Sprache stattdessen als artifizielles und experimentelles Konstrukt von Buchstaben, Lauten, Wörtern, Sätzen und Bildern sicht- und hörbar werden lässt. Der 1963 geborene und, wie er selbst sagt, „gewesene[] Stuttgarter Schulverweigerer vom Heslacher Ghetto“,[6] der seit Jahren als ‚Erwerbs‘- und ‚Vollzeitlyriker‘ in Berlin lebt, erweist sich dabei als ein *poeta doctus*: Seine im Studium in Bochum und Tübingen[7] erworbenen linguistischen und literaturwissenschaftlichen Kenntnisse schlagen sich sowohl in seiner Lyrik und seinen lyrisierenden Hörspielen als auch in seinen Gedichtübersetzungen nieder; sie prägen darüber hinaus auch seine poetologischen Reflexionen, die sich zum einen – autorpoetisch – auf die eigene literarische Produktion und das eigene Werk, zum anderen – rezeptionsästhetisch – auf bewunderte Texte von Vorbildern, Dichter-Kolleginnen und -Kollegen beziehen.

Beiden Perspektiven zugrunde liegt eine, wie Stolterfoht dies selbst einmal bezeichnet hat, „hyperskeptizistische[] Haltung“,[8] die sich nicht nur auf das Verhältnis der *poetischen* Sprache zur Welt, sondern *allgemein* auf das Verhältnis der Sprache zur Welt bezieht. „Ich hab […] schon in der Alltagssprache grosse Probleme zu begreifen, was Referenz eigentlich sein soll, was eigentlich passiert, wenn einer ‚Apfel‘ sagt, was der damit meint“,[9] bekannte Stolterfoht in einem Gespräch mit Guido Graf im Jahr 2002 und reihte sich damit in die Tradition der philosophisch informierten Sprachkritiker ein, die spätestens seit Ferdinand de Saussure davon ausgehen, dass unser sprachlicher Zugang zur Welt ein eminentes Referenzproblem mit sich führt: Die Zeichen und zugehörigen Lautbilder unserer Sprachen verweisen demnach nicht auf vorgängige Dinge der ‚wirklichen Welt', sondern auf mentale, geistige Vorstellungen. Wenn wir über die Wahrnehmungen unserer inneren oder äußeren Wirklichkeiten sprechen, uns über sie miteinander verständigen wollen, entkommen wir diesem System von arbiträren, konventionalisierten Beziehungen zwischen Signifikant und Signifikat nicht – wir entkommen mithin der Sprache nicht. Unser sprachliches Verhältnis zu außersprachlichen Sachverhalten, also zu den sogenannten Referenzobjekten, bleibt jedenfalls grundsätzlich kompliziert. Diese erkenntnistheoretische und sprachphilosophische Einsicht in die „Nichthintergehbarkeit der Sprache"[10] führt bei Stolterfoht zu einem generellen, auch in seinen Heidelberger Poetikvorlesungen zum Ausdruck gebrachten Vorbehalt gegenüber einer zu schlichten, weil die sprachliche Verfasstheit ausklammernden Vorstellung von Welt: „Denn wie wäre Welt, auch außerhalb des Gedichts, anders denkbar als sprachlich konstruiert und konstituiert",[11] erläutert er seine konstruktivistische Überzeugung. Für die Welt *innerhalb* des Gedichts zieht Stolterfoht aus dieser Überzeugung, die er mit zahlreichen Lyrikerinnen und Lyrikern seiner Generation teilt, eine Reihe von poetologischen Konsequenzen, die ich unter vier Gesichtspunkten skizzieren möchte.

Erstens könne lyrische Rede ihr erkenntnis- und sprachkritisches Potenzial nur dann angemessen entfalten, wenn sie sowohl ihren Ausdrucksanspruch (im Sinne traditioneller Erlebnislyrik)[12] als auch ihren mimetischen Abbildungs- und Repräsentationsanspruch fahren lasse. Anstatt sich um „den Transfer einer Erscheinung aus der Außenwelt, eines ‚gegenständlichen Bildes', in die Sprache des Gedichts"[13] zu bemühen, also „‚über' oder ‚von' etwas zu schreiben" oder „etwas ‚zum Ausdruck zu bringen', womöglich auch noch ‚aus sich selbst zu schöpfen'",[14] plädiert Stolterfoht für einen lyrischen

„Anti-Inhaltismus“,[15] oder positiv gewendet: für eine selbstreferentielle Konzentration des Gedichts allein auf die Sprache. Lyrischer Rede soll es demnach um „ein Nachdenken der Sprache über sich selbst“ gehen,[16] denn nur auf selbstreferentielle Weise könne „die Lyrik“ – wie bei Wittgenstein „die Logik“[17] – „für sich selber sorgen“.[18] Das erklärte Ziel einer so ausgerichteten lyrischen Produktion bestehe in einer Auseinandersetzung mit der Frage, was, „um Gottes Willen, ‚heißen‘ heißen“ soll,[19] also in einer Schärfung der Aufmerksamkeit für die Antinomie zwischen Zeichen und Gegenstand, Wort und Welt. Das „semantische Strampeln“ konventioneller Gedichte hingegen, denen diese erkenntnis- und sprachkritische Einsicht nicht zugrunde liege, sei „auf eine seltsame Art sprachlos“ – und letztlich „für die Katz“.[20] In der Konsequenz befördert Stolterfohts Autorpoetik auf diese Weise eine ‚Metaisierung‘ lyrischen Sprechens, warnt allerdings zugleich davor, „den meta-sprachlichen Anteil eines Gedichtes“ nun „für das eigentliche Sprechen zu halten“ und sich folglich mit dem Gedanken zu beruhigen, dass durch das „Sprechen über das Sprechen […] die referentielle und semantische Problematik aufgehoben wäre.“[21]

Mit der sprachphilosophischen Bestimmung des lyrischen Sujets einher geht – zweitens – ein emphatisches Bekenntnis zum Programm sprachexperimenteller Lyrik der historischen Avantgarden und Neoavantgarden. In Stolterfohts Aufriss reicht diese Tradition von Gertrude Stein, Hans Arp und Gottfried Benn über H. C. Artmann, Friederike Mayröcker, Helmut Heißenbüttel und Ernst Jandl bis hin zu Oskar Pastior und Thomas Kling. In den 1960er und 1970er Jahren war das avantgardistische Schreiben zeitweilig durch die allgemeine Politisierung und durch die zeittypische Privilegierung einer antihermetischen, wirkungsorientierten Literatur aus dem Fokus der Aufmerksamkeit geraten.[22] Doch spätestens Ende der

1980er und dann vor allem in den 1990er Jahren hat eine neue Generation von Lyrikerinnen und Lyrikern – darunter neben Thomas Kling, Oswald Egger, Monika Rinck und Barbara Köhler nicht zuletzt Ulf Stolterfoht – das experimentelle Schreiben aktualisiert und ‚nobilitiert'.[23] Für seine Generation fasst Stolterfoht experimentelle Texte als Texte, deren Sinn nicht vorgängig in Gestalt einer Darstellungsintention im Autorenbewusstsein verbürgt sei, sondern im Prozess des Schreibens emergiere: Mit „experimenteller Lyrik" sind mithin aus produktionsästhetischer Perspektive „Texte gemeint, deren Aussage (falls vorhanden) nicht schon vor Beginn des Schreibprozesses feststeht, die also nicht ein vorgegebenes Bedeutungsziel ansteuern oder dieses womöglich entsprechend illustrieren." Der Anspruch poetischer Autorschaft wird auf diese Weise deutlich herabgestimmt und die Autorität des Autors auf die Autorität der Sprache verschoben. Wegen der reduzierten oder ausgesetzten Lenkungsfunktion des Autors avanciert die Sprache mit ihren Eigenlogiken nun selbst zum Agenten der Sinnproduktion. Das ‚lyrische Ich', wie es sich bei Stolterfoht weiterhin artikuliert findet,[24] stellt folglich nicht mehr den ultimativen Fluchtpunkt der literarischen Kommunikation dar, sondern markiert zunächst nicht mehr als eine grammatische Position. Durch ein immer wieder auf die Spitze getriebenes intertextuelles Verweisspiel gibt es sich aber als reflektierte, theorie- und traditionsbewusste Instanz zu erkennen, die neben Wittgenstein *en passant* auch Gottlob Frege, Carnap, Quine, Davidson, Goodman und Kripke[25] zu zitieren und mit großer Souveränität Anspielungen nicht nur auf die ‚Klassiker' avantgardistischen Schreibens, sondern auch auf Luther, Hamann, Hölderlin und Hebel zu platzieren weiß. Stolterfoht hat sich, wie Michael Braun prononciert, „ein Wissen um die ästhetischen Bestände bewahrt und es sich zugleich zur Profession gemacht, die alten Texte des Kanons einem ironischen Haltbarkeitstest zu unterziehen." Die Dekonstruktion und „Demontage der Überlieferung"[26] wird dabei durch eine Konstruktion und Remontage ausbalanciert, die Stolterfohts Texten zu deren besonderer Kontrastästhetik verhilft: Allein im aktuellsten *fachsprachen XXXVII–XLV*-Band werden Stefan George und Ernst Jünger mit Motocrossstars, Roland Barthes und Hans Arp mit Skifahrgrößen gepaart; eine Gruppe von Expressionisten aus Kurt Pinthus' *Menschheitsdämmerung* kehrt in einer Stuttgarter Stehbierhalle wieder, während Luther, der Doc, in einem Battle-Rap „papisten disst":

> der gassenkluge doktor spricht: […]
>
> ich dichte – sie sind narrative wichte. sie wissen nicht einmal, was beten heißt. ich bin
>
> erlöst – sie röstet man dann schon mal etwas länger. [geräusch „bunsenbrenner"] yo, homies! yo, bitches! so sieht es aus! habt ihr die eier, dann schreit es laut raus: speyer und worms! Hier ist der ort! ich bring euch das wort und den vierfachen sinn. seid ihr drauf, seid ihr drin. […].[27]

„Funktion folgt Form",[28] kehrt Stolterfoht den Designleitsatz der Moderne polemisch um und favorisiert auf diese Weise – drittens – eine bestimmte, der Avantgarde entsprechende Formensprache, in der – mit Roman Jakobson gesprochen – die genuin poetische Sprachfunktion in den Vordergrund rückt: Das „Prinzip der Äquivalenz", das in unserer Alltagssprache wie in unseren Fachsprachen die Wortauswahl steuert, wird zum „konstitutiven Verfahren" der Sequenz- und Satzbildung erhoben,[29] so dass nicht Logik und Semantik, sondern binnensprachliche Phänomene, das heißt vor allem phonetische-klangliche und rhythmische Äquivalenzen etwaige semantische Funktionen dominieren. Als „Sprachhandwerker arbeitet"

Stolterfoht, wie Carsten Rohde betont, „mit besonderer Sorgfalt an der Schallform des Gedichts“: So sind „Alliterationen, Assonanzen und [...] verschiedene Formen des Binnenreims [...] seine bevorzugten Mittel“,[30] Endreime hingegen begegnen uns nur in markierten Ausnahmefällen. Stolterfohts Verse halten sich nicht an die herkömmlichen Regeln syntaktischer Segmentierung, folgen aber auch keinen klassischen metrischen Schemata, sondern scheinen aus Prosasätzen gedrechselt zu sein.[31] In die typische „Stolterfoht'sche Langzeile“[32] gebracht, bilden sie in einer mitunter eigenwilligen Syntax klangliche und rhythmische Strukturen aus, die der Autor selbst als stakkatohaft beschreibt[33] und die sich auf besondere Weise in der Rezitation seiner Gedichte, der Performanz entfalten. Wortspiele und variierende Wort-Wiederholungen erhöhen den Eindruck assoziativer, experimentell-kombinatorischer Sequenzbildung – ein Eindruck, der durch die Verwendung von „Anagrammen, Lipogrammen, Permutationen aller Art“[34] noch gesteigert wird. Vor allem in den seit gut zwanzig Jahren erscheinenden *fachsprachen*-Bänden wird dieser Eindruck zudem durch die poetische Gesamtstruktur unterstrichen. In ihrer visuellen, drucktechnischen Erscheinung sind sie auf ein wiedererkennbares, strenges Maß von neun Kapiteln mit jeweils neun Gedichten festlegt.

Gleichwohl haben wir es bei Stolterfohts Gedichten weder mit einer *écriture automatique,* wie die Surrealisten sie erprobt haben, noch mit methodenfixierten Sprachexperimenten zu tun, wie sie uns beispielsweise in der Konkreten Poesie der Stuttgarter Gruppe oder in den anagrammatischen und kombinatorischen Spielformen der Oulipoten begegnen, deren ‚potentielle Literatur‘ sich der Bindung an mathematisch exakte Regeln verdankt. Zwar tragen viele vor allem der frühen Stolterfoht'schen Gedichte intertextuelle und formale Spuren dieser verfahrensbasierten Sprachspiele, doch der Autor bekennt sich trotz aller Zurücknahme des poetischen Schöpfersubjekts zu Intervention, Inkonsequenz und Regelbruch, sofern diese der Vermeidung von regelpoetischer Monotonie dienen.[35] Die Alternative von Autorintention und Zufall wird dementsprechend in seinen Gedichten nonchalant unterlaufen, etwa wenn er in seinem 2013 erschienenen Band *Wider die Wiesel* zwar *Google Translate* zur Übersetzung von Wieseltexten bemüht, sich gleichwohl großzügige Eingriffe in die maschinell erzeugten poetischen Produkte gestattet.[36]

„Es darf nicht langweilig werden! Es darf auf gar keinen Fall langweilig werden!", beschwört Stolterfoht in Anspielung auf ein Zitat Heißenbüttels in seiner *Münchner Rede zur Poesie* seine am Beispiel eigener Lese-, aber auch eigener Musikerfahrungen gewonnene Wirkungsästhetik. Analog zur Jazz- und Popmusik, zunehmend wohl auch zum Hiphop will Ulf Stolterfohts Lyrik demnach – viertens – Glückserfahrungen und Momente der Euphorie vermitteln, eine Euphorie allerdings, die nicht auf der Affirmation des vermeintlich Gegebenen, sondern auf der sprachlich manifestierten Erfahrung umfassender ‚Freiheit' beruht. Mit Ernst Jandl beharrt Stolterfoht wiederholt darauf, dass „dichtkunst [...] eine fortwährende realisation von freiheit" sei, wobei das poetisch zu erfahrende „Freie" nach Stolterfoht selten das explizit Politische, sondern „oft das Unnütze, das schwer Verwertbare und das Unverständliche"[37] und in diesem Sinne „Opposition" und „Kontra-Position" meint.[38] In seinen Texten scheut sich Stolterfoht denn auch nicht vor dem Übergang zu spielerisch-sprachlichem Unsinn. Den Leserinnen und Lesern werden neben den überbordenden mehr oder weniger gelehrten Anspielungen primitivste Kalauer und wortkomödiantische Sprachwitze geboten; Stolterfoht lässt sie an der frivolen und parodistischen Demontage von sprachlichen Vorurteilen und festgefahrenen kulturellen Erwartungen ebenso teilhaben wie an der kunstvollen Dissemination von Sinn und Bedeutung, die an Paranoia, die „dunkle[] Schwester der Euphorie“[39] grenzt. Inszeniert wird auf diese Weise eine Befreiung von dem in Schule und Universität gleichermaßen propagierten Diktum des ‚Verstehen-Müssens‘. Mit der Schwierigkeit und Unverständlichkeit seiner Gedichte will der Autor seinen Leserinnen und Lesern explizit auch die Freude des „Nicht-verstehen-[M]üssen[s]“ ermöglichen – und zwar getreu dem Stolterfoht'schen Motto: „Mir ist nun glücklich gar nichts klar!“[40]

Gerade in dieser Verknüpfung von einem hochelaborierten sprachreflexiven Ansatz und einer experimentellen Formensprache einerseits mit einer ungebremst affirmativen Lust an der Sprache und ihren Abgründen und einer immer wieder indirekt evozierten politischen Agenda der ‚Gegenkultur‘ andererseits scheint die wesentliche Besonderheit der Stolterfoht'schen Poetik und Poesie zu liegen.

*

Ein besonderer Dank geht an Luca Victoria Sieber, die uns tatkräftig bei der Redaktion dieses Bandes der Heidelberger Poetikvorlesungen unterstützt hat.

Anmerkungen

1 Ulf Stolterfoht, Noch einmal: Über Avantgarde und experimentelle Lyrik, in: Bella triste 17 (2007), S. 189–198, hier: 194.

2 Ebd., S. 195.

3 Ulf Stolterfoht, Wurlitzer Jukebox Lyrik FL – über Musik, Euphorie und schwierige Gedichte. Münchner Rede zur Poesie, München 2015, S. 11 f.

4 Vgl. Andrea Albrecht, „Auszug aus selbstverschuldeter Verständlichkeit". Hermeneutisches und Hermetisches zur Poesie Oswald Eggers, in: Scientia Poetica 21 (2017), S. 210–235.

5 Guido Graf im Gespräch mit Ulf Stolterfoht: versversagen. ulf stolterfohts liebevolles eindringen in den sprachleib (WDR 2002), URL = http://www.engeler.de/graf_gespraechstolterfoht.html (zuletzt eingesehen am 31.7.2019), o. P.

6 Ulf Stolterfoht, Vorstellungsrede zur Aufnahme in die *Deutsche Akademie für Sprache und Dichtung* im Jahr 2014, vgl. URL = https://www.deutscheakademie.de/de/akademie/mitglieder/ulf-stolterfoht/selbstvorstellung (zuletzt eingesehen am 31.7.2019), o. P.

7 Zur Biographie Carsten Rohde, Ulf Stolterfoht, in: Munzinger Online/KLG – Kritisches Lexikon zur deutschsprachigen Gegenwartsliteratur, URL: http://www.munzinger.de/document/16000005032 (zuletzt eingesehen am 31.7.2019), o. P.; Daniel Graf, „Stolterfoht, Ulf", in: Killy Literaturlexikon. Autoren und Werke des deutschsprachigen Kulturraumes, hg. v. Wilhelm Kühlmann u. a., Berlin/New York 2011, Bd. 11, Sp. 300–302.

8 Stolterfoht, Wurlitzer Jukebox Lyrik FL, S. 15.

9 Graf/Stolterfoht, versversagen, a. a. O.

10 Rohde, Ulf Stolterfoht, a. a. O.

11 Stolterfoht, Noch einmal, a. a. O., S. 195.

[12] Vgl. Rohde, a. a. O. o. P.

[13] Graf/Stolterfoht, versversagen, a. a. O.

[14] Stolterfoht, Wurlitzer Jukebox, a. a. O., S. 15.

[15] Ulf Stolterfoht, Funktion folgt Form: Rohfassung, in: Timber! Eine kollektive Poetologie, URL = https://timberpoetologie.wordpress.com/2011/02/11/beitrag-1/ (zuletzt eingesehen am 31.7. 2019), o. P.

[16] Stolterfoht, Noch einmal, a. a. O., S. 195.

[17] Ludwig Wittgenstein, Tractatus Logico Philosophicus, in: ders., Werkausgabe Bd. 1. Tractatus logico-philosophicus. Tagebücher 1914–1916. Philosophische Untersuchungen, Frankfurt am Main 1984, § 5.473, S. 57.

[18] Stolterfoht, Wurlitzer Jukebox Lyrik FL, a. a. O., S. 32.

[19] Ebd., S. 11 f.

[20] Stolterfoht, Noch einmal, a. a. O., S. 194 f.

[21] Ebd., S. 196.

[22] Vgl. zur Geschichte der Gegenwartslyrik Fabian Lampart, Aktuelle poetologische Diskussionen/Nach der Moderne, in: Handbuch Lyrik Theorie, Analyse, Geschichte, hg. v. Dieter Lamping, Stuttgart ²2016, S. 15–23/458–461.

[23] Stolterfoht, Noch einmal, a. a. O., S. 193.

[24] Ebd., S. 196.

[25] Vgl. SJ Fowler, An Interview with Ulf Stolterfoht, Nine questions, Nine Answers (2011), in: maintenant #68, URL = https://www.3ammagazine.com/3am/maintenant-68-ulf-stolterfoht/ (zuletzt eingesehen am 31.7. 2019), o. P.

[26] Michael Braun, Ein heiterer Dekonstruktivist, in: ders., Michael Buselmeier (Hg.), Der gelbe Akrobat. 100 deutsche Gedichte der Gegenwart, Leipzig 2009, S. 244–247, hier: 246 f.

[27] Ulf Stolterfoht, sola scriptura, in: fachsprachen XXXVII–XLV, Berlin 2018, S. 70–73, hier: 71.

[28] Stolterfoht, Funktion folgt Form, a. a. O.

[29] Roman Jakobson, Linguistik und Poetik, in: Poesie der Grammatik und Grammatik der Poesie: sämtliche Gedichtanalysen, hg. v. Hendrik Birus und Sebastian Donat, Berlin/New York 2007, S. 155–216, hier: 170. Jakobson wird von Stolterfoht wiederholt

erwähnt, vgl. Fowler, An Interview with Ulf Stolterfoht, a. a. O.; Stolterfoht, Wurlitzer Jukebox Lyrik FL, S. 12 f.

30 Rohde, Ulf Stolterfoht, a. a. O.

31 Graf/Stolterfoht, versversagen, a. a. O.: „Diese Teile, aus denen die Gedichte gebaut sind, sind ja Sätze und keine Verse im klassischen Sinn." Vgl. auch Jörg Drews, Die neue Unersetzlichkeit der Lyrik. Zehn Abschnitte zur deutschen Gegenwartslyrik, in: Merkur, Jg. 53, H. 600 (1999), S. 309–323, hier: 321.

32 Florian Höllerer, Für Ulf Stolterfoht, in: Argonautenschiff 15 (2006), S. 31–34, hier: 32.

33 Vgl. Graf/Stolterfoht, versversagen, a. a. O.

34 Stolterfoht, Wurlitzer Jukebox Lyrik FL, a. a. O., S. 15.

35 Ebd., S. 11 f.

36 Vgl. Daniel Graf, (WI)ESELKUNDE: lyrische Übersetzungsreflexion bei Ulf Stolterfoht und Uljana Wolf, in: Sprache im technischen Zeitalter 52.212 (2014), S. 414–426.

37 Ulf Stolterfoht, Danksagung für den Anna Seghers-Preis 2005, in: Argonautenschiff 15 (2006), S. 35–36, hier: 36.

38 Stolterfoht, Funktion folgt Form, a. a. O.

39 Stolterfoht, Wurlitzer Jukebox Lyrik FL, a. a. O., S. 13.

40 Stolterfoht, Funktion folgt Form, a. a. O.

Methodenmann vs. Grubenzwang und mündelsichre Rübsal

Ulf Stolterfoht

VORLESUNG 1:

Sätze

Sehr geehrte Damen und Herren,

„Nachdem ich mit einem privaten Postamt Schiffbruch erlitten hatte, eröffnete ich im Frühsommer 1971 eine kleine Leihbücherei."

Das war ein Satz, ein richtig schöner, wohlgeformter Satz. Er befindet sich in ästhetischer Hinsicht am oberen Ende des für mich Schreibbaren, der für mich formulierbaren Sätze. Einen besseren werden Sie so schnell nicht mehr zu hören bekommen, zumindest nicht von mir. Aber dieser Satz, der gleichzeitig so bescheiden und unauffällig daherkommt, mit der Geste des *Was soll ich machen, so war es eben im Frühsommer 1971*, in seiner echten oder vermeintlichen Wahrhaftigkeit, ist tatsächlich ein vergifteter Satz. Einerseits scheint es sich bei ihm um eine Proposition zu handeln, also um einen Satz, dem ein Wahrheitswert zukommt, die Eigenschaft, wahr oder falsch sein zu können, was natürlich einschließt, dass sich die im Satz zur Sprache gekommenen Sachverhalte auf eine Außenwelt beziehen und somit überprüfbar sind, andererseits enthält dieser Satz deutliche Hinweise darauf, dass es sich bei ihm um einen Satz aus dem Bereich der Literatur handeln könnte, was seine Überprüfbarkeit weniger unmöglich als vielmehr irrelevant machte – ob es so war oder nicht, das scheint nicht das geeignete Kriterium zu sein, um es auf solche Sätze anzuwenden. Oder vielleicht doch? Sind denn nicht auch Bedingungen denkbar, unter denen literarischen Sätzen, Versen zumal, ein Wahrheitswert zukäme?

Wie auch immer, ich möchte versuchen, Ihnen heute und an den beiden folgenden Abenden etwas über Sätze zu erzählen, in Sätzen über Sätze zu sprechen, auch wenn ich das viel lieber im Gespräch mit Ihnen täte – aber eine Vorlesung ist eine Vorlesung ist eine Vorlesung.

Jedenfalls beginnt alles, was ich Ihnen im Folgenden erzählen werde, mit Ludwig Wittgensteins Einteilung der Sätze in sinnvolle, sinnlose und unsinnige Sätze. Da mein logisches und analytisches Vermögen aber sehr schnell an seine Grenzen gelangt, brauchen Sie sich keine Sorgen zu machen, es könnte zu abgehoben geraten. Zumal diese Vorlesungen keinerlei sprachphilosophische Ambitionen verfolgen, sondern sich die entsprechenden Quellen so zurechtbiegen, dass sie einigermaßen passen für den angestrebten Argumentationsverlauf. Wobei mir das Wort „Argumentationsverlauf" im Zusammenhang mit diesen drei Vorlesungen schon verdammt hochgegriffen erscheint!

Egal. Jetzt erst einmal zu Ludwig Wittgensteins Definition der drei unterschiedlichen Satzklassen, wie er sie im *Tractatus logico-philosophicus* vornimmt:

1) Sinnvolle Sätze:
Ein sinnvoller Satz ist ein Satz, der einen Sachverhalt oder eine Tatsache abbildet. Wittgenstein: „Man kann geradezu sagen –

statt: dieser Satz hat diesen und diesen Sinn –; Dieser Satz stellt diese und diese Sachlage dar." (TLP 4.031) Sinnvollen Sätzen (Propositionen) kommt ein Wahrheitswert zu, sie sind entweder ‚wahr' oder ‚falsch'. Sie sind darüber hinaus kontingent, das heißt, sie können immer beides sein, wahr oder falsch. Das, was sie sind, sind sie nicht notwendigerweise.

2) Sinnlose Sätze:
Im *Tractatus* führt Wittgenstein als Beispiele für sinnlose Sätze Kontradiktionen und Tautologien an, also Sätze, die nie (Kontradiktion) oder immer wahr sind (Tautologie). Wittgenstein formuliert es geradezu poetisch so:

> Die Kontradiktion ist das Gemeinsame der Sätze, was *kein* Satz mit einem anderen gemein hat. Die Tautologie ist das Gemeinsame aller Sätze, welche nichts miteinander gemein haben.
> Die Kontradiktion verschwindet sozusagen außerhalb, die Tautologie innerhalb aller Sätze.
> Die Kontradiktion ist die äußere Grenze der Sätze, die Tautologie ihr substanzloser Mittelpunkt. (TLP 5.143)

Ein Beispiel für eine Kontradiktion wäre etwa der Satz: „Manche Junggesellen sind verheiratet", oder, etwas kniffliger, der Satz: „Diese Aussage ist falsch" – wäre sie wirklich falsch, wäre sie wahr. Wäre sie hingegen wahr, kann sie nicht falsch sein.

Ein klassisches Beispiel für eine Tautologie ist der Satz: „Es regnet oder es regnet nicht." Da ein Drittes nicht gegeben ist, kann dieser Satz nie falsch sein.

In diesem Zusammenhang könnte es wichtig sein, darauf hinzuweisen, dass wir bei Kontradiktionen und Tautologien eigentlich von Phänomenen sprechen, die im logischen Raum und also in logischen Sätzen auftreten. Beispielsätze aus der

Alltagssprache sind eher Illustrationen von Kontradiktionen und Tautologien, als dass sie selbst welche wären. Und so ist es eigentlich auch nicht erforderlich, über Weltwissen zu verfügen, um beurteilen zu können, ob das eine oder das andere vorliegt. Es zeigt sich bereits in der Form des logischen Satzes. Oder andersherum: Fände sich am Amazonas eine Sprache, in der zwischen Regen, Nicht-Regen und Halb-Regen unterschieden wird, so würde in dieser Sprache der Satz: „Es regnet oder es regnet nicht" zwar nicht als Beispiel für eine Tautologie funktionieren, hätte aber keine Auswirkungen auf das logische Verhältnis von A zu Nicht-A. In der Logik regnet es nicht und es scheint auch keine Sonne. Und so sind, bei genauerer Betrachtung, alle Sätze der Logik ganz wesentlich Tautologien (Vgl. etwa TLP 6.12f.).

In den über dreißig Jahre nach dem *Tractatus* posthum erschienenen *Philosophischen Untersuchungen* von 1953 vertritt Wittgenstein eine stark modifizierte Auffassung bezüglich dieser Einteilung, was vor allem daran liegt, dass das Objekt dieser Untersuchungen eben nicht mehr die logische, sondern die Alltagssprache ist. In PU 408 gibt Wittgenstein folgendes Beispiel für einen sinnlosen Satz: „Ich weiß nicht, ob ich Schmerzen habe oder nicht." Das scheint nun tatsächlich ein doppelt fragwürdiger Satz zu sein. Zum einen widerspricht es unserer Definition der Bedeutung des Wortes „Schmerz", dass man darüber im Zweifel sein könnte, ob man ihn spürt. Zum anderen widerspricht es unserer Definition der Bedeutung des Wortes „wissen" zu sagen, man wisse, dass man Schmerzen habe. Man hat Schmerzen oder man hat keine – ob man es weiß, ist nicht nur völlig ohne Belang, es gehört zu einem anderen Spiel.

3) Unsinnige Sätze:

Unsinnig sind alle Sätze, die weder sinnvoll noch sinnlos sind. Ein Satz wird unsinnig, wenn einem seiner Bestandteile keine

Bedeutung gegeben ist oder wenn Teile dieses Satzes keine Entsprechung in der Außenwelt haben. So wären z. B. alle Sätze, in denen ein Einhorn auftritt, unsinnige Sätze. Ein weiteres Beispiel wäre Noam Chomskys berühmtes: „Farblose grüne Ideen schlafen wütend.“ Ferner sind, nach Wittgenstein, alle Sätze aus dem Bereich der Metaphysik und der Ethik unsinnige Sätze, und letztlich auch die Sätze des *Tractatus*. In TLP 6.54, dem vorletzten Punkt des ganzen Buches, schreibt Wittgenstein:

> Meine Sätze erläutern dadurch, daß sie der, welcher mich versteht, am Ende als unsinnig erkennt, wenn er durch sie – auf ihnen – über sie hinausgestiegen ist. (Er muß sozusagen die Leiter wegwerfen, nachdem er auf ihr hinaufgestiegen ist.)
> Er muß diese Sätze überwinden, dann sieht er die Welt richtig.

Ich finde es ausgesprochen interessant, dass Wittgenstein darüber hinaus in TLP 6.421 eine ziemlich ungewöhnliche Gleichsetzung vornimmt, nämlich: „Es ist klar, daß sich die Ethik nicht aussprechen läßt. Die Ethik ist transzendental. (Ethik und Ästhetik sind Eins.)“

Womit wir glücklich am Ende des ersten theoretischen Teils angelangt wären und uns nun ganz elegant den praktischen, also den ästhetischen Fragen zuwenden können. Zurück auf Start.

„Nachdem ich mit einem privaten Postamt Schiffbruch erlitten hatte, eröffnete ich im Frühsommer 1971 eine kleine Leihbücherei.“

Dieser Satz hat ganz ohne Zweifel den großen Vorzug, mehrere Lesarten zuzulassen, und wenn wir nun direkt ans oben Diskutierte anschließen, dann ist es nicht nur möglich, ihn als propositionale Äußerung zu verstehen, es käme ihm darüber hinaus auch noch der Wert „wahr“ zu.

Ich hatte als Kind relativ schnell und – dem Quelle-Katalog sei Dank – auch relativ früh lesen gelernt, nur fiel es mir anfangs überaus schwer, angefangene Bücher tatsächlich zu Ende zu lesen. Umso größer waren Freude und Erleichterung, als dies schließlich doch zum ersten Mal gelang, und dann auch noch mit dem Qualitätsschmöker *Daktari* von Ivan Tors, wobei dieses befreiende Erlebnis, in einem Akt maximaler Selbstüberhebung, umgehend zur Gründung der Leihbücherei Stolterfoht in der Wannenstraße 36 führte, und mit der Sigle TD 001 wurde *Daktari* der erste Band im Leihregal. Was darauf folgte, war ein wahrer Leserausch – schließlich wollte man potentiellen Kunden ja nicht nur etwas anzubieten haben, sondern auch ungefähr berichten können, was sie bei der jeweiligen Lektüre erwartete. Innerhalb kürzester Zeit verschlang ich also große Teile des Genres „Abenteuerliteratur für Buben“, zumindest den Teil davon, der beim Simmendinger, dem Stuttgart-Heslacher Schreibwarenladen, vorrätig war. Dort waren, nebenbei bemerkt, auch der orangene Briefmarkenanfeuchter, der grüne Gummifinger (Blattwender) und der Datumsstempel mit Stempelkissen für das nun aufgelassene Privatpostamt erworben worden – sie leisteten im Anschluss auch der Leihbücherei gute Dienste. Als echter Glücksfall erwiesen sich im Nachhinein zwei Hodenoperationen, die längere Krankenhausaufenthalte erforderten und nahezu exklusiv dafür genutzt wurden, den kompletten Karl May durchzuarbeiten. Zuhause war Karl May zwar nicht explizit verboten, die Bände wurden aber immer wieder nachts von der Großmutter, einer Tochter aus bestem Berliner Hause, durch anspruchsvollere Lektüre ersetzt: *Die Flußpiraten des Mississippi*, *Sigismund Rüstig*, *Ein Yankee aus Connecticut*, *Der letzte Mohikaner* – solche Sachen halt. Schon ganz gut, aber eben kein Karl May. Jedenfalls kam ich zweimal mit reicher Beute aus dem Krankenhaus zurück, und die Regale der Leihbücherei füllten sich immer mehr! Was leider nicht dazu führte, dass sich mit dem Anwachsen des Buchbestandes auch die Zahl der eingeschriebenen Leiher vermehrt hätte. Meine Unterlagen weisen darauf hin, dass die Zahl mit 3 (mein Bruder und meine beiden besten Freunde) über die Monate des Bestehens ausgesprochen konstant blieb. Überhaupt wäre das ganze Unternehmen vom Finanzamt sicherlich als Liebhaberei eingestuft worden: Die Einschreibegebühr betrug einmalig 50 Pfennige, das Ausleihen war umsonst, und nur für verspätete Rückgaben waren pro Tag 5 Pfennige zu entrichten. So musste dann nach dem Postamt auch die Leihbücherei irgendwann wieder schließen, zumal sich der junge Betreiber nun mit der von ihm selbst konzipierten Reihe *John, der Schütze* dem Genre des Wildwest-Comics zugewandt hatte (Kostprobe aus dem ersten Heft der Reihe: „Pegen, pegen peitschten gellend zwei Schüsse!“) – und im Hintergrund wartete dann auch schon die erste Schreibmaschine!

Doch hatte sich das Thema Leihbücherei damit noch nicht vollständig erschöpft. Den gewerblichen Verleih von Büchern aufgegeben zu haben, heißt ja keineswegs, deshalb auch das Lesen einzustellen. Ganz im Gegenteil! Nur schien das, was die Regale der Großeltern (Ernst Wiechert, Hermann Löns, Knut Hamsun) und Eltern (Martin Walser, Martin Walser, Martin Walser) zu bieten hatten, nicht der Stoff zu sein, nach dem es den Knaben verlangte. Anstatt nun aber eine öffentliche Bücherei aufzusuchen, die es im Stuttgarter Süden und Westen durchaus gegeben hätte (ich erinnere mich an eine kleine Zweigstelle der Stadtbücherei im Gesundheitsamt Schickhardtstraße, eine andere auf halber Höhe am Silberbuckel, und auch die wirklich großartige Bücherei im Jugendhaus Mitte wäre gar nicht weit gewesen), zog es mich geradezu magisch in die private Leihbücherei in der Finkenstraße, eine einstöckige Baracke direkt neben dem evangelischen Gemeindehaus, wo die gesamte Welt der Schund- und Groschenliteratur (Heftchen und kartonierte Ausgaben) nur darauf wartete, in Besitz genommen zu werden. Von *Landser* bis *Lassiter*, von *Kommissar X*, *Franco Solo* und *Jerry Cotton* bis *Perry Rhodan* und *Geisterjäger John Sinclair* reichte das Spektrum, und bereits die Namen der Verlage waren ein Versprechen: Pabel, Moewig, Kelter, Bastei u/o Lübbe. Daneben gab es aber auch billig gemachte Bücher von Erle Stanley Gardener, Ellery Queen, Rex Stout und James Hadley Chase – von Edgar Wallace ganz zu schweigen (der hundsgemeine Satz: „Es ist unmöglich, von Edgar Wallace nicht gefesselt zu werden“, wird uns später noch beschäftigen, das sei hiermit fest versprochen) –, ich war, ohne es selbst zu bemerken, vom anspruchslosen Jugendbuch in die Pulp Fiction gewechselt. Und wie diese Druckerzeugnisse rochen! Nach verbotenen Genüssen und geheimen Ausschweifungen, sicherlich der Tatsache geschuldet, dass es sich beim verwendeten Papier um eine Mischung aus Lösch- und Toilettenpapier handelte! Und nicht nur in den Heftchen, sondern oft auch in den Büchern gab es Reklame, die in die nämliche Richtung wies: Röntgenbrillen und Potenzpillen und elegante Schuhe, die unauffällig bis zu sieben Zentimeter größer machten! (Klammer auf: Warum „bis zu“? Waren manche Männer schon von Haus aus so groß, dass sechs Zentimeter zusätzlich als ausreichend empfunden wurden? Wollten veritable Siegfrieds nur noch zwei Zentimeter drauflegen? Andererseits: wenn sieben Zentimeter technisch, also schuhmacherisch möglich waren, warum nicht auch acht oder neun? Ich möchte den Bogen jetzt ganz bestimmt nicht überspannen, aber wären nicht vielleicht sogar ZEHN Zentimeter vorstellbar? Doch diese Überlegungen wirklich nur ganz am Rande. Klammer zu.)

In diesen Heftchen, und deshalb erzähle ich Ihnen überhaupt davon, in diesen Heftchen und schmalen Büchern gab es Sätze, die mich bis heute seltsam berühren, die mir zu zeigen scheinen, dass Sätze mehr können als nur abzubilden oder zu beschreiben. Einer dieser Sätze, immer noch einer meiner absoluten Lieblinge, lautet:

„Chef, ich glaube, Sie sollten sich das hier mal anschauen!"

Vordergründig funktionieren solche Sätze dadurch so gut, dass sie das eigentliche Objekt aussparen, und dem Leser / der Leserin bleibt es überlassen, sich das nur Angedeutete auszumalen. Im Kino schwenkt die Kamera in diesem Moment auf die wehenden Vorhänge im Schlafzimmer, im Hörspiel knacken die Dielen vernehmlich. Aber das ist nicht alles, hinter diesen Sätzen steckt noch mehr, es ist nur gar nicht so einfach, dieses ‚Mehr' zu fassen zu bekommen. Vielleicht so: Normalerweise würde man das ominöse „das hier" im Satz: „Chef, ich glaube, Sie sollten sich das hier mal anschauen!", als Katapher analysieren, also als eine rhetorische Figur, die auf etwas Späteres verweist, etwa auf das Wort „Leiche" oder „Bündel aus Fleisch" in einem nachfolgenden Satz, ganz unabhängig davon, ob dieses Wort dann auch tatsächlich auftaucht. Anders gesagt: Wir verstehen diesen Satz, weil wir seine Struktur verstehen. Und auch wenn mir diese Analyse zutreffend und sehr vernünftig vorkommt, bleibt doch die Irritation bezüglich des leeren Zentrums dieses Satzes, seines blinden Flecks. Wenn man nämlich dem „das hier" eine Referenz auf ein Objekt der Außenwelt zugesteht, und sei es auch nur eine, die gewissermaßen um die Ecke oder über Bande funktioniert, löste man dadurch die Idee einer halbwegs stabilen Semantik nicht vollständig auf? Sagte man damit nicht, dass alles buchstäblich alles bedeuten kann, und dass uns allein die Satzstruktur und die

Satzsemantik Hinweise darauf geben, wie einzelne Satzteile zu verstehen sind, was einzelne Wörter bedeuten?

Ich bin mir nun ziemlich sicher, dass mir jeder Linguist (m/w) diese These um die Ohren hauen würde, aber offen gestanden ist mir das vollständig schnuppe! Lyriker (m/w) sind trotzig und tendenziell unbelehrbar. Ausrufezeichen! Wir kommen auf diesen Punkt zurück. Versprochen! Jetzt erst mal kurze Pause. Zum Durchschnaufen vielleicht ein Gedicht, in dem Ludwig Wittgenstein einen Cameo-Auftritt als Herr Sinckel-Winckel hat (so nennt ihn Bertrand Russell in seinen Briefen an Lady Ottoline Morrell), ferner treten Hillary Putnam und Donald Davidson auf, sowie ein Mr Cohen, bei dem es sich wahrscheinlich um den kanadischen Marxisten Gerald Allan Cohen handelt. Beschwören würde ich das aber nicht. Das Gedicht heißt:

die idee der reihung in des moines

im spätherbst des denkens kam erbskörper auf. vieles ver-
schwand: dante. vergil. die tante mit dem troll-profil. das
ist ihnen alles bekannt. ist es? hier prüft der dichter erst-
mals die gesichter: hat er zuviel verlangt? der text scheint

wirklich etwas schlank. kann sein er diesbezüglich krankt.
schnell führt man sinckel-winckel ein: „herr sinckel-winckel
sprach lakonisch über unica und einzelding. später ging ich
mit ihm essen. ein stiller feiner weitestgehend kleiner mann.“

problem: verkehrt vermehrt in angeschweißten stromkrei-
sen. bleibt unbequem und läßt sich nicht verschwenken. hier
könnte man an cohen denken und seine methode „bestimmte
renitenzbeweise qua radikalisierung zu erzwingen“. putnam

> hingegen war trächtigen bleistiften zu deren laichplätzen gefolgt. dort fand er es heraus: zwirdischer wortgebrauch! so viel zum thema empirie. auto-stop. mitnahme von sätzen wie: papier stellt aufgaben. stift löst sie. über albuquerque nach
>
> butte. vom wandkalender flattert blatt um blatt. jahreszeiten lösen sich ab: frühling sommer herbst und winter – das ist ihnen alles bekannt. mit den worten wechseln die orte: fresno natchez bowling green. wo hat man dies alles erkannt? nun ja:
>
> ucla. gut gelaunt und lichtdurchflutet / immer noch todschick: california hilfs-semantik. lassen sie sich abschließend verzaubern von donald davidson und den bedeutsamen drei oder vier. vom bühnenrand wird mir bedeutet: heute abend sind es vier.
>
> (aus: Ulf Stolterfoht, *fachsprachen XIX–XXVII*, S. 35)

Und schon geht es weiter, mit noch viel schöneren Sätzen:

> Satz (1): Die Erde gab es schon viele Jahre vor meiner Geburt.
> Satz (2): Es existiert in diesem Moment ein menschlicher Körper, der mein Körper ist.
> Satz (3): Ich habe in der Vergangenheit viele verschiedene Erlebnisse gehabt.
> Satz (4): Ich habe mich nie sehr weit von der Erdoberfläche entfernt.
> Satz (5): Dies hier ist der Daumen meiner rechten Hand.

Wirklich schöne Sätze sind das, sogenannte Moore'sche Sätze. Sie finden diese Sätze (und viele andere Beispielsätze mehr) in George Edward Moores Aufsatz *Eine Verteidigung des Common Sense* von 1925 (Deutsch von Eberhard Bubser; Frankfurt am Main: Suhrkamp 1969), einem Aufsatz, in dem Moore zeigen möchte, dass es Sätze gibt, an deren Wahrheit sinnvollerweise nicht gezweifelt werden kann – wir würden ansonsten den kleinsten gemeinsamen Nenner unserer Überzeugungen und Gewissheiten so fundamental in Frage stellen, dass damit das gesamte Konzept einer allgemein verbindlichen Bedeutung hinfällig geworden wäre. Moore versucht also, das, was Wittgenstein im *Tractatus* für eine logische Sprache geleistet hat, auf bestimmte Klassen von Sätzen der Alltagssprache zu übertragen, und auch wenn ich mir keineswegs sicher bin, ob ihm dieser Versuch tatsächlich gelungen ist (ich kann mir zum Beispiel für alle fünf oben angeführten Sätze Äußerungsbedingungen vorstellen, unter denen sie ganz bestimmt nicht wahr sind), haftet Moores Unterfangen doch etwas Heldenhaftes an. Allerdings vermute ich, dass es gerade solche Sätze waren, die Wittgenstein dazu brachten, von den starren Überzeugungen des *Tractatus* abzurücken und in den *Philosophischen Untersuchungen* ganz andere Wege einzuschlagen. Nichtsdestotrotz leistet Moore mit seinem Aufsatz einen wichtigen Beitrag zu einer Debatte, die in den 1920er und 1930er Jahren im Umfeld des Wiener Kreises geführt worden war. Ausgehend von Rudolf Carnaps Konzept des Beobachtungssatzes, also eines widerspruchsfreien und empirisch überprüfbaren Satzes nach dem Muster von: „Ich, Ulf Stolterfoht, habe am Montag, den 10. Juni 2019, um 15:34h bei einer Außentemperatur von 29,4° Celsius über der Julius-Leber-Brücke in Berlin-Schöneberg einen Blitz (‚ein Blitzereignis‘) wahrgenommen“, entwickelte sich die später sogenannte Protokollsatzdebatte, an der, neben Carnap, vor allem Moritz Schlick, Otto Neurath und Karl Popper beteiligt waren, bis sie, wenn ich es richtig sehe, mit Willard Van Orman Quines *Wort und Gegenstand* zu einem versöhnlichen Ende gebracht wurde. Ein zentraler Punkt dieser Auseinandersetzung bestand in der Vorstellung, dass unsere Wahrnehmung der Außenwelt geradezu perfekt funktioniere, unsere Sinne vorzüglich eingerichtet seien für die Erfahrung der physikalischen Phänomene außerhalb unserer Körper, und dass es allein einer „Verhexung durch die Sprache" geschuldet sei, dass wir Probleme damit haben, unsere Erfahrungen und Erkenntnisse auch entsprechend zu beschreiben und darzustellen. Das ist, gerade für einen Lyriker, eine sehr seltsame Sicht der Dinge! Hier nur das Bekenntnis, dass ich vom Gegenteil überzeugt bin. Unsere Sprache, egal ob gesprochen oder geschrieben, scheint mir ein auf unsere Ausdrucksbedürfnisse geradezu ideal angepasstes Werkzeug zu sein, und so ohne weiters in der Lage, jede gemachte oder nicht gemachte Erfahrung nicht nur in Worte, sondern in Sätze zu fassen. Vom Ritt auf dem Esel bis zum Ritt auf dem Einhorn ist doch alles gleichermaßen schilderbar, und wenn ab und zu doch gewisse Schwierigkeiten auftauchen, so liegen sie eindeutig auf Seiten der Welt oder unserer Wahrnehmung von Welt. (War der Esel wirklich ein Esel oder war das ein Maultier? Oder ein Muli? Oder womöglich ein Einhorn mit einem sehr kleinen Horn?) Da für solche Fragen aber weder Sprachphilosophie noch Linguistik zuständig sind, endet der zweite theoretische Einschub mit ein paar seltsamen Zwitterwesen, nämlich einigen Paragraphen aus Ludwig Wittgensteins *Philosophischen Untersuchungen*, an denen ich zeigen möchte, wie Philosophie in Literatur übergeht, und wie großartig es sein kann, wenn das passiert. Und ganz nebenbei möchte ich Sie dazu verführen, die *Philosophischen Untersuchungen* zu lesen oder wiederzulesen, und zwar ganz egal, als was. Diese Stücke, die sich irgendwo zwischen den *Confessiones* des Augustinus, Johann Peter Hebels *Rheinischem Hausfreund*, den Anekdoten Heinrich von Kleists und Franz Kafkas Tagebüchern bewegen, sind eine ganz große Freude, und man muss sie, wie ich glaube, gar nicht immer und unbedingt verstehen (kann es manchmal auch gar nicht), um sich an ihnen zu erfreuen.

Hier, als erstes Beispiel, § 52:

> 52. Wenn ich dazu neige, anzunehmen, daß eine Maus durch Urzeugung aus grauen Fetzen und Staub entsteht, so wird es gut sein, diese Fetzen genau daraufhin zu untersuchen, wie eine Maus sich in ihnen verstecken konnte, wie sie dort hinkommen konnte, etc. Bin ich aber überzeugt, daß eine Maus aus diesen Dingen nicht entstehen kann, dann wird diese Untersuchung vielleicht überflüssig sein.
> Was es aber ist, das sich in der Philosophie einer solchen Betrachtung der Einzelheiten entgegensetzt, müssen wir erst verstehen lernen.

Ist das nicht großartig? Allein die Verwendung des Wörtchens „vielleicht" in „dann wird diese Untersuchung *vielleicht* überflüssig sein"! Richtig stark kommt mir auch § 142 vor:

> 142. Nur in normalen Fällen ist der Gebrauch der Worte uns klar vorgezeichnet; wir wissen, haben keinen Zweifel, was wir in diesem oder jenem Fall zu sagen haben. Je abnormaler der Fall, desto zweifelhafter wird es, was wir nun hier sagen sollen. Und verhielten sich die Dinge ganz anders, als sie sich tatsächlich verhalten – gäbe es z. B. keinen charakteristischen Ausdruck des Schmerzes, der Furcht, der Freude; würde, was Regel ist, Ausnahme und was Ausnahme, zur Regel; oder würden beide zu Erscheinungen von ungefähr gleicher Häufigkeit – so verlören unsere normalen Sprachspiele damit ihren Witz. – Die Prozedur, ein Stück Käse auf die Waage zu legen und nach dem Ausschlag der Waage den Preis zu bestimmen, verlöre ihren Witz, wenn es häufiger vorkäme, daß solche Stücke ohne offenbare Ursache plötzlich anwüchsen, oder einschrumpften. Diese Bemerkung wird klarer werden, wenn wir über Dinge, wie das Verhältnis des Ausdrucks zum Gefühl und Ähnliches reden werden.

Ein weiterer Liebling wartet mit § 297 hier:

> 297. Freilich, wenn das Wasser im Topf kocht, so steigt der Dampf aus dem Topf und auch das Bild des Dampfes aus dem Bild des Topfes. Aber wie, wenn man sagen wollte, im Bild des Topfes müsse auch etwas kochen?

Es wäre mir tatsächlich ein Leichtes, Ihnen die verbleibende Zeit mit weiteren Paragraphen aus den *Philosophischen Untersuchungen* zu vertreiben, und wahrscheinlich würden wir, Sie und ich, wesentlich mehr über Sprache im Allgemeinen und über Sätze im Speziellen lernen als mit dem Kruscht, den ich Ihnen anzubieten habe, aber wie gesagt: Eine Vorlesung ist eine Vorlesung ist eine Vorlesung!

Einen Paragraphen aber hätte ich noch, den ich Ihnen unbedingt zu Gehör bringen möchte, den § 176, einfach deshalb, weil er sich vor ziemlich genau dreißig Jahren als überaus folgenreich erwiesen hat. Wittgenstein ab:

> 176. Ich habe, wenn ich nachträglich an das Erlebnis denke, das Gefühl, daß das Wesentliche an ihm ein ‚Erlebnis eines Einflusses', einer Verbindung, ist – im Gegensatz zu irgendeiner bloßen Gleichzeitigkeit von Phänomenen: Zugleich aber möchte ich kein erlebtes Phänomen „Erlebnis des Einflusses" nennen. (Hier liegt die Idee: der Wille ist keine *Erscheinung*.) Ich möchte sagen, ich hätte das ‚*Weil*' erlebt; und doch will ich keine Erscheinung „Erlebnis des Weil" nennen.

Tatsächlich habe ich beim Lesen dieses Abschnitts das „Erlebnis eines Einflusses" gehabt, vielleicht sogar das Weil ein wenig gespürt, und flankiert von der Lektüre von Gottlob Freges nicht minder fantastischem Buch *Funktion, Begriff, Bedeutung* ist dieses Gedicht entstanden:

faustgroße wörter/wunden

(zb wunde WEIL) denn stellt man sich den denker
vor dann allenthalben kühn. fragt frege vielleicht
ängstlich „pferd"? das tut er selbstverständlich
nicht. begriffe sind ihm gegenstand. bedeutung
gar passion. bezüglich einer außenwelt benagen
keine zweifel ihn. und doch: von unvermeidbar

muß die rede sein. von sprachlich hart wenn er
behauptet: die stadt berlin ist eine stadt.
vulkan vesuv vulkan. wird wunde WEIL wohl eine
ebensolche sein. das ist sie ihm zufolge nicht.
die falschheit ist ihm wahrer wert. ein hohe-
lied. und kunst wie biegsam seine sprachen klingen.

weit draußen hebt ein grummeln an. von meta-zeug/
erkenntnis-zuwachs/sinn. hebt an: „ich war dabei.
ich hab das WEIL erlebt." zeigt seine wunde. tritt
ab. solch knappe konfession bleibt lange im ge-
dächtnis. zeigt unerhörte wirkung. jedoch: „erlebnis
WEIL" zu nennen dies – so weit ist man noch nicht.

man stelle sich den denker vor: als junges tier.
gescheckt. befangen. mit skrupeln schön behangen.
waidwund und welpenscheu in der hervorbringung
des WEIL. man stelle sich den denker vor:
zart lehnt er gegen schnee und wind. und dann:
kann man den denker vor sich sehen.

(aus: Ulf Stolterfoht, *fachsprachen I–IX*, S. 49)

Ich habe Ihnen dieses Gedicht nun ganz bestimmt nicht deshalb vorgelesen, weil es ein besonders gutes Gedicht wäre – das ist es sehr wahrscheinlich nicht –, sondern um Ihnen zu demonstrieren, dass es die von mir oben behauptete Wittgenstein-Bewegung: von der Philosophie in die Literatur natürlich auch in umgekehrter Richtung gibt: von der Literatur in die Philosophie, allerdings mit ganz unterschiedlichen Resultaten: Während es der Philosophie tatsächlich gelingen kann, Literatur zu werden (siehe eben Wittgenstein, es gibt aber weitere Beispiele zuhauf), wird die Literatur, die Lyrik zumal, nicht deshalb schon zur Philosophie, weil sie sich philosophischen Inhalten zuwendet und/oder sich philosophischer Formen der Rede bedient. Das hat, glaube ich, ganz wesentlich mit dem oben bereits Angerissenen zu tun und soll Inhalt der dritten Vorlesung sein. Hier vielleicht nur, dass dies mit dem Status lyrischer Sätze zu tun hat. Ich glaube nämlich, dass Verse in Wittgensteins Dreiklassengesellschaft nicht vorkommen und auch nicht vorgesehen sind. Dazu in der dritten Vorlesung mehr!

Hier stattdessen noch ein Beispiel einer Dichterin, die das Weil erlebt hat, wobei es sich dabei aber eher um ein Hume'sches als um ein Wittgenstein'sches Weil handelt. Es stammt von Rosmarie Waldrop, findet sich in Teil Zwei des Bandes *Reproduktion von Profilen* und geht auf Deutsch so:

> 23| Angesichts der Distanz in der Kommunikation, hoffe ich, daß die Wörter nicht auf meinen Fingerspitzen faulenzen, sondern wilde Felder in der Wahrscheinlichkeit der Rechtschreibung entfachen. Wie ein Falke Kreise beschreibt, deren innere Leere von der Macht der Schwerkraft zeugt, wo der Hebel in ein Zahnrad der Welt eingreift. Dort, der milde Vordergrund für den Brotkauf, für den besänftigten Zweifel, daß die Hand begegnen kann. Dort, mit schwindelnder Aufmerksamkeit, halte ich am Weil fest, einem weiteren Schlüssel zum Zauber der Wörter.

(aus: Rosmarie Waldrop, *Reproduktion von Profilen*, S. 87)

Abgesehen davon, dass man nur anfangen muss, über das Weil nachzudenken, damit einem von allen Seiten Weils zufliegen, hält Rosmarie Waldrops Weil noch eine kleine Geschichte am Rande bereit. Rosmarie Waldrop ist nämlich nicht nur eine sehr gute Dichterin, sondern auch eine tolle Übersetzerin, und ich hatte schon vor langer Zeit das große Glück, dass sie mein erstes *fachsprachen*-Buch ins Englische übersetzt hat. Und diesem Band entstammt mein Weil-Gedicht. Was muss sie sich beim Übersetzen gedacht haben, als sie mein Weil entdeckt hatte, obwohl ihr Weil doch längst schon in der Welt war? Ich habe deshalb bis heute ein schlechtes Gewissen, obwohl ich ihr Gedicht zuvor nicht kannte, was nun wiederum ein Gedicht zur Folge hatte, das ich auf Einladung von Ben Lerner für eine Anthologie zu Rosmaries achtzigstem Geburtstag schreiben durfte. Das Gedicht heißt *letzter hasenkassiber* und geht so:

letzter hasenkassiber. für rosmarie waldrop

problem: meine pferdchen sind sterblich, aber sehr sexuell.
daneben („zur linken") versinken die enten im see – grell
und über die maßen kursiv. ich bin ein kleiner scheißer.
kopfheister richtung quälmeister. problem: quälmeister mehr
so in der theorie. praktisch eigentlich nie. quälmeister viel-

mehr als garstiger dschinn. als lippenblütler. mit tippelbru-
der grimm, dem notabene mittleren. sein finales enden im
andersch. gürtlers häschen sind faktisch supersyntaktisch.
alfred und gretel im walde, hänsel bestenfalls aufgrund.
wiesenschwund. etwas tröpfelte aus und vieles verschwän-

de. behauptetes ende. neubeginn mit hölderlin. auftritt des
schmächtigen quinn. mit sidekick olle konradin. problem
des sogenannten überdem: „obwohl ein fleck im sichtfeld
farbig ist, muß er nicht rot sein." angst wie vor quine. nein,
nein: vor vermutetem hume. wenn es also weiter heißt: „dort,

mit schwindelnder aufmerksamkeit, halte ich am WEIL fest, einem weiteren schlüssel zum zauber der wörter" – dann: wußte ich das damals nicht! gelobe künftigen verzicht. beziehungsweise ist es jetzt auch schon egal. gürtlers bericht über die häute neu-englands. quälmeisters grenzen des an-

klangs. problem zudem: meine teilchen sind borstig, aber ungeheuer geladen. dahinter („im rückraum") versacken die hasen, datensatt und letternfett. willy mit drillich am zwinger. neurath findet zwischen tintenhügeln statt. und dann? dann – ganz genau: „flatterte nasse wäsche im wind."

(aus: Ulf Stolterfoht, *fachsprachen* XXXVII–XLV, S. 18)

Um nun, wenigstens pro forma, die historische Lücke zu schließen: Nach Aufgabe der Leihbücherei 1971 brachte das Jahr 1972 nicht nur den ersten deutschen Erfolg in Wembley, sondern tatsächlich auch die erste Schreibmaschine, eine Triumph Perfekt in Dunkelgrün aus dem Hause Georg Köbele in Nagold, gefolgt von der Einsicht, dass Büroartikel wie der Briefmarkenbefeuchter, der Gummifinger, der Datumsstempel mit Stempelkissen und die Triumph *have stimulated my illusions more than anything*, wie es in Joni Mitchells *Song for Sharon* heißt. Tatsächlich wollte ich schon ziemlich bald Gedichteschreiber werden, aber nicht deshalb, weil mir das Schriftstellerdasein so verlockend erschien oder aufgrund irgendwelcher jugendlicher Beatnik-Boheme-Ideen, und auch ganz bestimmt nicht, weil mir das Schreiben so besonders großen Spaß gemacht hätte (das ist erst seit zehn, zwölf Jahren so – vorher hatte ich es immer als quälend und schrecklich anstrengend empfunden, als einen richtigen Scheißjob), sondern weil mir der kenntnisreiche, professionelle Umgang mit Büroartikeln geradezu magisch vorkam und ich nicht ganz zu Unrecht vermutete, dass man als Schriftsteller viel Zeit in Papiergeschäften, Kopierläden, Postämtern und Fachbuchhandlungen verbringt, vielleicht sogar beim Drucker oder Buchbinder (beide m/w). Noch heute kann man den Dichter an Dienstagen und Freitagen beim stundenlangen Erproben hochwertiger Kolbenfüller bei Büro Thörner hinter dem Rathaus Schöneberg beobachten. Anschließend doppelte Curry mit Darm, Schmorzwiebeln und Brötchen bei Schmidts Imbiss auf dem Wochenmarkt John-F.-Kennedy-Platz. Gewusst, wie!

Zusammenfassend ließe sich vielleicht sagen:

> (…) es war seltsam, ende der siebziger in einem viertel wie heslach: für junge, weiße schulverweigerer blieben allein lyrik und improvisierte musik, um dem ghetto zu entkommen.
>
> (aus: Ulf Stolterfoht, *holzrauch über heslach*, S. 53)

Ein letztes Problem war allerdings noch zu klären: Auch wenn ich einem bildungs- und letztlich auch kunstaffinen Eltern- und Großelternhaus entstamme – wir lebten ja alle zusammen unter einem Dach –, war der Beruf des Erwerbslyrikers in unserer Familie so nicht vorgesehen, weshalb ich mich nach dem Zivildienst in ein Studium der Germanistik und der Allgemeinen Sprachwissenschaft rettete – dass ein Magisterstudium niemals in einer Anstellung als Deutschlehrer enden konnte, war da allenfalls ein Nebenwiderspruch. Nach vier wirklich aufregenden Semestern in Bochum traf mich in Tübingen jedoch sehr bald schon die Erkenntnis meines universitären Unvermögens und Ungenügens, mit dem Ergebnis, dass ich, anstatt meine Vorlesungen und Seminare im Brecht-Bau zu besuchen, die Zeit in sommerlichen Biergärten (Schwärzloch, Hohenentringen, Waldcafé Spitzberg, Vereinsheim TSV Lustnau) und winterlichen Spelunken (Hades, Boulanger, Pfauen, Storchen, Liechtenstein, Marquardtei, Herzog Ulrich, Unckel, Rebstock, Ammerschlag, Rose, Waldhorn) verbrachte, wobei diese Aufenthalte, neben gelegentlicher Gedichtlektüre, exklusiv der analytischen Philosophie gewidmet waren, wenn ich auch (siehe oben) aufgrund meiner intellektuellen Defizite bestenfalls die Hälfte des Gelesenen verstand. Hier, um den Gaststätten etwas entgegenzusetzen, meine einigermaßen komplette Lektüreliste Mitte der 1980er Jahre: Locke, Berkeley und Hume, Frege, Russell und Moore, Quine, Putnam, Goodman und Kripke – als unangefochtene Nummer Eins behauptete sich aber souverän Ludwig Wittgenstein. Ich kann mich an einen endlos langen Sommer erinnern, den ich fast ausschließlich im Garten der damals frisch eröffneten Gaststätte Neckarmüllerei verbrachte, nach dem immer gleichen Schema: erst vier Stunden Wittgenstein lesen, dann vier Stunden aus dem Gelesenen und Halbverstandenen Gedichte zimmern. Eines dieser Gedichte würde ich Ihnen gerne vorlesen, nämlich das hier:

jeder satz sagt wittgenstein (wo?) könne so
verstanden werden als erkläre er eines seiner
glieder: was meinst du eigentlich mit satz?
jeder SATZ sagt wittgenstein … / was meinst
du eigentlich mit wittgenstein – so dürft es
endlos weitergehn. selbst ist der satz. zunehmend komplex. bis sich rest außenwelt wie
faule haut vom körper löst / der körper sich
wie folgt entblößt: wenn ich das bin was da
zitiert zitiere ich doch immer einen satz (und
eben keinen sachverhalt). kurz hingeknallt. die
folgende warnung erging an die adresse eines
westberliner autors: „realo – wir wissen wo
dein laptop liegt / am grund der spree / im
gipskorsett“. das kränkt. das schmäht. das tut

dem dichter weh. ein junger dachs erobert seine
welt. flachdachs. behelfswelt. dergestalt auf
krücken gestellt daß da schon wieder „wörtchen“
schimmern. in träumen wird auf einmal marburg
wichtig. ansonsten alles züchtig / flüchtig.

(aus: Ulf Stolterfoht, *fachsprachen X–XVII*, S. 106)

Ja, was meine ich eigentlich mit ‚Satz‘? Das ist tatsächlich die Frage. Doch statt einer Antwort oder besser noch: als Antwort ein allerletztes Gedicht. Bevor es allerdings beginnt, dieses allerletzte Gedicht, möchte ich Sie noch mit einer Information erfreuen, die ich Günther Patzigs Aufsatzband *Sprache und Logik* entnehme und die, wenn ich sie richtig deute, besagt, dass es dem Logiker Alonzo Church (1903–1995) gelungen sein könnte, den Satz: „Scott ist der Autor von Waverley“ durch Ersetzungen bestimmter Wörtern mit bedeutungsgleichen Ausdrücke umzuwandeln in den Satz: „Die Zahl der Landkreise in Utah ist 29“, mit dem Ergebnis, so Patzig nun wörtlich, „daß diese beiden Sätze offenbar nichts sonst gemein [haben], außer eben, daß sie beide wahr sind“. Und damit sich diese Info etwas setzen kann, hier das angekündigte allerletzte Gedicht:

eröffnet lebhaft: sätze gibt es. schließt behauptet:
wörter füllen sie auf. das sei dann auch schon alles.
im oberton ein lediglich wie was gewiß gemeinhin ist:
die gute wahrnehmung des obsts – sie mag für
manches andre stehen. die ganze wahrnehmung des
guten obsts – hier wie sie funktioniert:

wie äpfel augen und. von birnen ganz zu schweigen.
vermeint gemäß bekräftens: der apfel sieht sich
selber nicht. darin ist er dem auge gleich. dem

einen ist nicht anzusehen (die bitte dies als satz
zu sehen) daß ihn ein zweites sieht. „die bitte dies als
satz zu sehen“ als gleichfalls einen satz zu sehen usw.

„will sagen“ findet statt. aspekte satt. man schuldet/
dankt/vermuß. „soll heißen“ legt sich quer. auch
„später mehr“ gehört hierher. ein starkes glücksgefühl
durch obst. ein neueres. ein besseres. ein heiteres
vielleicht. vielleicht strukturen nur doch dafür grob
und pur. führt von bedarft zu ungefähr. das wort

vom obst im auge des betrachters. der pfahl als
balken oder splitter. der satz vom angestammten
ast. das wort vom stamm ein zwitter. mal so: das
falsche obst am rechten platz. dann so: der baum als
wort – ein guter satz. dann wenn nicht alles täuscht
der ganze baum als stärkster zweig zur linken.

(aus: Ulf Stolterfoht, *fachsprachen I–IX*, S. 53)

Vielen herzlichen Dank für Ihre Geduld! Schalten Sie bitte auch nächsten Montag ein, wenn es wieder heißt: *Methodenmann vs. Grubenzwang und mündelsichre Rübsal*. Dann soll es um Titel gehen, und vielleicht klärt sich dann ja auch manches bezüglich des Methodenmanns.

Bis dahin!

Methodenmann vs. Grubenzwang und mündelsichre Rübsal

VORLESUNG 2:

Titel

Sehr geehrte Damen und Herren,

was Sie hier nun schon zum zweiten Mal unter dem seltsamen Titel „Methodenmann vs. Grubenzwang und mündelsichre Rübsal" präsentiert bekommen, sollte ursprünglich „Du fährst zu oft nach Heidelberg" heißen. Ein *catchy* Titel, der die Zuhörer da abholt, wo sie momentan stehen, ihnen die Hand reicht und sie mitnimmt auf die dornenreiche Straße direkt ins Herz der experimentellen Literatur, gleichermaßen niederschwellig wie auf Augenhöhe. Gott sei Dank bin ich von dieser Idee ziemlich schnell wieder abgekommen. Nichtsdestotrotz ist es so eine Sache mit den Titeln, und ich würde ihnen, den Titeln, gerne den heutigen Abend widmen: Titel als ganzer Satz oder Ellipse, als Text, als Bauplan, als Namen, als Gegenstand, als zu füllende Hülle oder als autonome Hülse, die für sich stehen kann und die sich jede Füllung verbittet. Vor allem möchte ich Ihnen viele praktische Beispiele dafür geben, was Titel, über das Taufen und Benennen hinaus, sein könnten: ein Versprechen, das buchstäblich in der Lage ist, sich selbst einzulösen. Sollten Sie allerdings an einer grundlegenden theoretischen Beschäftigung mit dem Titel-Thema interessiert sein, möchte ich Ihnen dringend Gérard Genettes Wunderbuch mit dem prachtvollen Titel *Paratexte. Das Buch vom Beiwerk des Buches* ans Herz legen – Sie alle kennen es wahrscheinlich längst –, wobei es Genette bezeichnenderweise vermeidet, im Kapitel „Titel: Definitionen" tatsächlich eine Definition des Titels anzugeben. Dafür bietet er Mikroanalysen und feinste Fallunterscheidungen am lebenden Objekt, unter anderem am wohl berühmtesten Titel der Literaturgeschichte – Genette nennt ihn einen „resümierenden Titel" –, und der geht so:

Das Leben und die seltsamen Abenteuer des Robinson Crusoe, eines Seemanns aus York. Welcher achtundzwanzig Jahre ganz allein auf einer unbewohnten Insel vor der amerikanischen Küste, nahe der Mündung des großen Ironoco lebte, wohin er nach einem Schiffbruch, bei dem die ganze Besatzung außer ihm selbst ums Leben kam, verschlagen wurde. Nebst dem Bericht wie er auf wundersame Weise durch Piraten gerettet wurde. Geschrieben von ihm selbst.

Für einen Titel ein richtig schöner Text, finde ich. Neben vielen weiteren, zum Teil noch umfänglicheren Beispielen präsentiert Genette, zum Ende hin, auch noch folgende, mir zuvor unbekannte Anekdote:

> Als Hans Arp eines Tages befragt wurde, welchen Titel er einer eben fertiggestellten Skulptur zu geben gedächte, antwortete er mit gesundem Menschenverstand: „*Gabel* oder *Arschloch*, wie sie wollen." (Genette, *Paratexte*, S. 82).

Womit das Feld dann auch einigermaßen abgesteckt wäre. Nur eine Sache noch, bevor es wirklich losgehen kann: Mir erscheinen Titel (als ganze Sätze oder als Ellipsen, also als Schwundform von Sätzen) auch deshalb so interessant, weil sie das *missing link* darstellen zwischen Wittgensteins sinnvollen

Sätzen mit einem transparenten Außenweltbezug und dem, was bis auf weiteres ‚lyrische Sätze' heißen soll. Wie geht man etwa mit einem Titel um, der auf ein Werk verweist, das es nicht oder noch nicht gibt; einem Titel, der nur als Titel existiert, dem der in Aussicht gestellte Gehalt, sein ‚Eigentliches', jedoch fehlt? Titel nur noch als wiedererkennbare Geste, als pure Struktur. Und warum erkennt man denn überhaupt einen Titel als Titel? Woher weiß man, dass ein Titel ein Titel ist, wenn er nicht oben drüber oder unten drunter steht? Ich glaube, das liegt an der Tatsache, dass Titel nur so tun, als würden sie sich auf etwas, auf ein Werk, beziehen. In Wahrheit sind Titel natürlich sprachliche Gegenstände und verweisen auf überhaupt nichts. Was wir also erkennen, ist weniger die ‚Titelhaftigkeit' eines Titels als vielmehr seine schiere Gegenständlichkeit, die ihn von allen Pflichten des Verweisens entbindet und ihn so, in seiner ganzen nutzlosen Schönheit, als Titel erkennbar werden lässt.

Ein wahrer Meister des verweisfreien Titelns war der späte Frank Zappa, gerade was die Benennung seiner Instrumentalstücke betrifft. Was mir nun ausgesprochen gelegen kam. Aus verschiedenen Gründen brauchte ich nämlich für das lange, buchlange Gedicht, das ich gerade schreibe und das den Titel *rückkehr von krähe* tragen soll (welcher sich seinerseits auf Ted Hughes' Gedichtband *Crow. From the Life and Songs of the Crow* bezieht), eine umfangreiche Bibliographie am Ende des Buches, die alle veröffentlichten Werke des Krähe umfassen sollte, nicht zuletzt, um auf diese Weise die intellektuelle Dignität des ansonsten eher dumpfen, gemeinen und gewalttätigen Tricksters Krähe zu beglaubigen. Ich druckte mir also die Liste aller Song- und Plattentitel von Frank Zappa aus und begann, sie so schlecht wie möglich ins Deutsche zu übersetzen, manches erfand ich auch einfach dazu, anderes drehte ich so lange hin und her, bis es mir für den Krähe zu passen schien. Auch schien es mir angezeigt, Zappas gefürchteten Höschen-Humor ein wenig zu entschärfen, was leider nicht vollständig gelungen ist. Mittlerweile bin ich bei vier (von neun) Seiten Literaturangaben angelangt, und auch wenn ich mir zunehmend unsicher bin, ob sie in der endgültigen Version des *Krähe*-Buchs noch enthalten sein werden – oder vielmehr gerade deshalb –, möchte ich Ihnen diese Titelliste in zwei Etappen vorlesen, wobei ich das Jahr des Erscheinens mitlese, nur um zu verdeutlichen, wann ein Titel endet und der nächste beginnt. Leider war der Krähe wahnsinnig produktiv. Vielleicht erkennen Sie ja ein paar Sachen wieder:

bibliographie (1. teil)

onkel rindfleisch präsentiert: klumpige soße (1963) verbrannte klitzekleine stulle mit tüchtig belag (1963) noch so ein dichter aus berlin-schöneberg (1963?) selten verzehrtes fleisch (1964) wiesel ritzten mir den zwerg (1964) streunen mit seume und den düsenfliegern (1964) lodenanzug-verlockung (1964) was hat ein iltis in lyrik verloren? (1964) halts maul und schreib dein

gedicht (1964 / 1998 wiederveröffentlicht als „rocco in vlotho") bellender kürbis (1965) du bist, was du seist (1965) rückkehr des sohnes von halts maul und schreib dein gedicht (1966) tochter von krähe auf baum (1966) die mütter der verhüttung (1966) mufflon-mann vs. die hüter des langsamen brüters (1967) lyrik aus der hölle (1977) auf einer lesung kannst du das beim

besten willen nicht mehr bringen (1967) gehört geröhr ins gedicht? (1967) ku-damm auf die harte tour (1967) rückkehr des sohnes von krähe auf baum (1967) mach jetzt ein schrilles lyrik-geräusch! (1968) das beste buch, das du in deinem ganzen leben nicht gelesen hast (1968) unser mann in kanaan (1968) pinguin in bindung (1968) hure kommt ein wenig zu spät, um ertrinkenden luden zu retten (1969) ausschließlich für den verkauf / strictly barsortiment (1969) das alles ist ganz wunderbar verheilt (1970) täte mir leid, hätte ich irgendjemand gekränkt (1970) kneipen-gebräunt (1971) gehören igel ins gedicht? (1971) niemand mag mein wiesel leiden (1972) abgang des sohnes von krähe auf baum (1973) onkel rindfleisch präsentiert:

klumpige soße II (1974) absätze auf warten (1974) dietrich wah dietrich (1975) was hat alles platz im geschlinge? (kompilation 1975) absolute freiheit, jetzt! (1976) die abenteuer von schnulli-bulli, dem abschaum-mann (1976) fremdes nasenloch (1976) schönheit kennt keine pein (1976) finaler hinschied von halts maul und schreib dein gedicht (1976) vergölst (1977)

axis – kühn wie schlaf (1977) du bist so schön wie tausend junge vielfraße und ein gefühlter waggon (1977) künstliche rhonda (1978) schätzchen (… nimm die zähne raus) (1978) electric sensenmann (1978) kann es sein, daß dein haarwasser nach bierschaum riecht? (1979) billy, der berg trifft spacko mit den hosenbeinen (1979) big swifty (1979) die abenteuer des

meerschweins gregor (1980) eine schwere rotwurstvergiftung (1980) big raushole und extragroße quetsche (1980) schwarze windeln (1980) wie man sich eine braut baut (1981) wer bitte heißt hier vulcanescu? (1981) rückkehr von braune schuhe reißen es nicht raus (1981) gudruns mittelgroßer mund (1981) leih mir dein gemüse! (1982) uralte clowns auf seidelbast (1982)

notger und das kind (1982) der kreationismus frißt greater fresno (1982) wasserbillig – die stadt der schlechten beleuchtung (1983) besatzungsmatratze (1983) cruisen für würstchen (1983) tanz der einfachen leutchen (und der rock-journalisten) (1983) feuchte fußgelenke (1983) rückkehr der vermeintlichen tochter von besatzungsmatratze (1984) die bolschewistischen

girls von east london (1984) albrecht milch ist eine riesengroße pfeife (1984) weckt mein erleben dein interesse? (1984) auf allen molchen lag tau (1985) texanische küche 3: amarillo und wichita falls (1985) das albuquerque-mund-hygiene-dilemma (1985) wie gefällt dir mein neuer opel kapitän? (1985) hundeatem (1985) versucht das besser nicht daheim! (1985) friß die frage

(… und renn) (1986) ich mag deine hose (1986) vor genau zwei stunden hat meine tante das gebäude verlassen (1986) sohn von molch (1986) sein mädchen will ihm eine brühe kochen (1986) enderlein, ein modifizierter hund (1987) das große albert-ayler-gedächtnis-grillen im juli 1971 (1987) alice coltrane löscht die deckenbeleuchtung und geht uns langsam verloren (1987)

Das war ganz schön viel. Ich hoffe, Sie haben diese Liste einigermaßen verkraftet, zumal Ihnen am Ende auch noch die zweite Hälfte blüht! Der Witz an der ganzen Unternehmung, wenn sie denn überhaupt einen Witz hat, könnte nun darin bestehen, dass die ursprünglichen Zappa-Titel ja durchaus auf entsprechende Stücke verwiesen, ihre Verweisfreiheit (oder vielleicht besser: ihr niedriges Verweislevel) also allein darin begründet war, dass Titel und Stück in einer komplett arbiträren Beziehung standen. Anders verhält es sich mit den *Krähe*-Titeln, zu denen in keinem mir bekannten Fall ein entsprechendes Werk existiert, und sei es auch noch so willkürlich mit dem Titel verknüpft. Was andererseits nicht bedeuten muss, dass diese Titel nicht doch irgendwann einmal eine Realisierung erfahren. Lust hätte ich schon, ein Buch mit dem Titel *auf allen molchen lag tau* zu schreiben. Noch schöner wäre es allerdings, wenn das eine oder einer von Ihnen erledigen würde. Frank Zappa hätte sicher nichts dagegen – und ich würde mich unheimlich freuen!

Im *Kleinen Katechismus* folgte jetzt normalerweise die Frage: „Was ist das? Was soll das alles?“ Wenn ich das nur wüsste! Es ist eher eine Ahnung, ein eigenartiges Gefühl, das hier etwas wirklich Wesentliches berührt ist. Diese ganzen Titel sind nicht so angeordnet, wie man sie in Bibliographien normalerweise anordnet, sondern so, dass sie, fein austariert, genau zwei Gedichte ergeben, mit jeweils fünf Strophen zu fünf Versen, was zu dem seltsamen Ergebnis führt, dass wir uns nun, gleich einer Puppe in der Puppe, zwei Klassen von buchstäblichen Gegenständen gegenüber sehen: den verweisfreien, ungefüllten Titeln (a.k.a. Versen) als einfachen und den aus diesen Titeln gebauten Gedichten als zusammengesetzten Gegenständen. Damit müsste sich doch weiterarbeiten lassen.

Aber während mir nun diese ungefüllten Behältnisse, dieses *Nichts, das ist* (Oswald Egger), das diese Titel in ihrer seltsamen Dingförmigkeit darstellen, den Weg ins Freie zu weisen scheinen, gibt es Menschen, die sich, mit solchen Phänomenen konfrontiert, fast zwanghaft daran machen, das Nichts auszulöschen, so etwa Jean Pauls vergnügtes Schulmeisterlein Maria Wutz, der, seiner finanziellen Not gehorchend, nur ein einziges Buch besaß, den *Meßkatalog*, eine Art frühes Verzeichnis lieferbarer Bücher, ein Katalog der Neuerscheinungen, das dem Schulmeister keine Ruhe ließ:

> Der wichtige Umstand, bei dem uns, wie man behauptet, so viel daran gelegen ist, ihn voraus zu hören, ist nämlich der, daß Wutz eine ganze Bibliothek – wie hätte der Mann sich eine kaufen können? – sich eigenhändig schrieb. Sein Schreibzeug war seine Taschendruckerei; jedes neue Meßprodukt, dessen Titel das Meisterlein ansichtig wurde, war nun so gut als geschrieben oder gekauft: denn es setzte sich sogleich hin und machte das Produkt und schenkt' es seiner ansehnlichen Büchersammlung, die, wie die heidnischen, aus lauter Handschriften bestand. Z. B. kaum waren die physiognomischen Fragmente von Lavater da: so ließ Wutz diesem fruchtbaren Kopfe dadurch wenig voraus, daß er sein Konzeptpapier in Quarto brach und drei Wochen lang nicht vom Sessel wegging, sondern an seinem eignen Kopfe so lange zog, bis er den physiognomischen Fötus herausgebracht (– er bettete den Fötus aufs Bücherbrett hin –) und bis er sich dem Schweizer nachgeschrieben hatte. Diese Wutzische Fragmente übertitelte

er die Lavaterschen und merkte an: „er hätte nichts gegen die gedruckten; aber seine Hand sei hoffentlich ebenso leserlich, wenn nicht besser als irgendein Mittel-Fraktur-Druck."

(Jean Paul, *Leben des vergnügten Schulmeisterlein Maria Wutz in Auenthal,* S. 411 f.)

Der volkswirtschaftliche Wahnsinn, der darin lag, nicht über die Mittel zu verfügen, um sich Johann Caspar Lavaters *Physiognomische Fragmente, zur Beförderung der Menschenkenntniß und Menschenliebe* von 1778 kaufen zu können, aber durchaus drei Wochen Zeit zu haben, sich das Werk selbst zu schreiben, ist in Zeiten von Hartz-IV längst von der Realität überholt worden. Womöglich noch verblüffender kommt es mir vor, dass Maria Wutz, verspürt er das Bedürfnis, etwas Vernünftiges über Chemie oder Alchemie zu lesen, sich auch dieses Buch selbst schreibt, er also im Prozess des Schreibens etwas zu wissen oder zu erfahren scheint, auf dass er ansonsten, etwa durch Nachdenken, keinen Zugriff hat. Am allerseltsamsten kommt mir jedoch etwas vor, auf das Thomas Schestag in seiner noch nicht bibliographierbaren Studie *Bibliographie* hinweist:

So wäre etwa *Kants Kritik der reinen Vernunft*, das *Buch* dieses Titels, nichts anderes als eine, und zwar nur *eine*, mögliche Auslegung des Titels *Kants Kritik der reinen Vernunft*. Und Maria Wutzens Auslegung nur eine andere, nicht weniger mögliche, nicht weniger berechtigte und unberechenbare der selben Überschrift. Von dieser Möglichkeit zu einer Hierarchisierung der rivalisierenden Auslegungen, daß die eine der andern überlegen, nämlich der eigentlichen Bedeutung des Titels näher, ja die einzig berechtigte und originale sei, ist nur ein Schritt. Und nur ein Schritt mehr zu der Annahme, oder *Glaubenssache*, alle andern unter diesem Titel kursierenden

Drucke seien entstellte Nachdrucke des Wutzischen Originals. Zu dieser Annahme gelangt Wutz nicht nur, nachdem „er einige Jahre sein Bücherbrett auf diese Art vollgeschrieben", sondern auch „durchstudieret hatte". Er ist der erste Leser dieser Schriften, die der Auslegung des Titels, den sie tragen, nein, der sie trägt, und austrägt, entspringen.

(Schestag, *Bibliographie für Jean Paul*, S. 479)

Wenn also Sie oder ich oder wir alle zusammen morgen beginnen würden, ein Buch mit dem Titel *auf allen molchen lag tau* zu schreiben, wäre das etwas vollständig anderes. Wir hätten weder ein Werk, auf das wir uns beziehen könnten (es gibt ja nicht einmal einen Zappa-Song, der auf Deutsch so heißen würde), noch könnte, daraus folgend, für uns dieses seltsame Konkurrenzverhältnis zum Original bestehen, also das Bemühen, das bessere *über allen molchen lag tau* zu schreiben – und dann schließlich geschrieben zu haben. Wenn wir ehrlich sind, wüssten wir, im Gegensatz zu Wutz, nicht einmal im Voraus, wovon unser Buch *über allen molchen lag tau* überhaupt handeln soll – obwohl ich mir in diesem Punkt gar nicht so sicher bin. Wutz scheint zwar vieles zu wissen, es braucht aber, wie gesagt, den Prozess des Niederschreibens, um dieses Wissen wirklich greifbar und verfügbar zu machen. Oder noch seltsamer: Vielleicht muss er es nach der Niederschrift erst noch einmal sorgfältig lesen, um es wirklich und vollständig verstanden zu haben. Wir hingegen haben zu Beginn unseres Molch-Projekts in Prosa oder Lyrik überhaupt keine Ahnung, und ich könnte mir, zumindest für mich, vorstellen, dass sich daran auch bis zum Ende nichts geändert haben würde. Bei Ihnen mag es anders sein.

Nun gibt es bei Jean Paul aber nicht nur das Phänomen des Titels ohne Text, sondern genauso tauchen Texte ohne Titel auf, besonders prominent in einem Brief an Christian Otto vom 12. Juli 1792, der sich um die mögliche Benennung eines noch titellosen, quasiautobiographischen Werks dreht, das später als *Die unsichtbare Loge (Mumien). Eine Lebensbeschreibung* erscheinen sollte – und auch diese Quelle verdanke ich Thomas Schestags großartigem Aufsatz *Bibliographie.*

Jean Paul also schreibt:

> Mein lieber Christian / Gerade da ich deinem Bruder geschrieben: fället mir die bestelte Arbeit ein, die Titelfabrikatur. Ich bin des Wählens mehr als des Schaffens müde und seze daher dir als Wahlman eine Menge zur Untersuchung her: die, die mir am liebsten sind, bekreuze ich: (NB. gleichwol sol unter jedem Titel das Wort Biographie stehen, damit der Leser nicht ganz betrogen werde sondern nur halb.) / †Marggrafenpulver. Biograph von Jean Paul – Hohe Oper etc. etc. – Aeolsharfe – †die Urnen – †die Mumien – Mikrokosmus – Orion – Sirius – Abendstern – Sternbilder – (und was noch am Himmel ist) – †Galgenpater – Der beste bleibt folgender: „die unsichtbare Loge oder die grüne Nachtleiche ohne den 9ten Nusknaker“. / Bei diesem Titel denk’ ich im Grunde gar nichts, wiewol mir bis ich die Vorrede seze noch gut einfallen kan was ich dabei denke – aber ich ruhe nicht eher darin als bis andre mehr dabei denken.
>
> (Jean Paul, *Briefe*, S. 359f.; vgl. Schestag, *Bibliographie*, S. 489)

Und Thomas Schestag bemerkt dazu:

> Wutz hat eine Überschrift, aber kein Buch, Jean Paul hat ein Buch, aber keine Überschrift. Jener schreibt vom Aushorchen

> zum Hintergrund der Überschrift her das fehlende Buch, nämlich eine Version unter andern, die eine Überschrift auszulegen. Dieser findet zu dem einen Buch, das er geschrieben hat, mehr als eine Überschrift. Die eine Überschrift lädt zum Aushorchen zahlloser Bücher ein. Das eine Buch zum Aushorchen zahlloser Überschriften.
>
> (in: Thomas Schestag, *Bibliographie,* S. 492)

Wie aber wäre es, wenn der Titel nicht nur Titel, sondern in erster Linie als Bauplan und Kochrezept für einen noch zu schreibenden Text fungierte, er also buchstäblich den Rahmen dafür festlegte, was dann später im Gedicht erschiene und was nicht. Die Rede ist von – Sie ahnen es vielleicht – Oskar Pastiors *Anagrammgedichten*, in denen er Titelzeilen von Johann Peter Hebels *Rheinischem Hausfreund* anagrammierte und auf diese Art die schönsten Gedichte baute, die man sich vorstellen kann.

In seinem Nachwort zu den *Anagrammgedichten* (Pastior, *Anagrammgedichte,* S. 81-83) schreibt Oskar Pastior:

> Eigentlich hab ich was über Eskimos gesucht. In der Bibliothek der Villa [Anm. US: Massimo] fand ich aber Johann Peter Hebel, Werke, Taschenbuchausgabe. Aus der Eskimolektüre unter den Mimosen ist nichts geworden, weil ich den Hebel beim Inhaltsverzeichnis aufschlug – und das war es.
> Hebel wußte aber auch, wie seine Geschichten heißen. Das Inhaltsverzeichnis als Matrikelbuch – jeder Titel ein Eigenname; und in jedem Namen (siehe auch: Omen) alles Mögliche an Lebenslauf angelegt. Ich war neugierig auf meine Stichprobe und wußte zugleich, welche Physik da anzusetzen wäre (die mit dem langen Arm zwischen Heu und Edeka). Ich beschloß also, Anagrammgedichte zu machen. [...]

> Anagrammgedichte. Die Regel ist ja einfach Hier war bloß aus den Buchstaben der Titelzeile, der Hebelzeile, durch Umstellung (Kombination) Zeile um Zeile, solange es möglich, also nötig war, ein Gedicht herauszubilden. In jeder Gedichtzeile mußten alle Buchstaben der Titelzeile aufgehn; nichts durfte übrigbleiben; alle Zeichen ganz die Titelzeile; Ganzheit und Substanz. Die Zeile als Willkür und Maß. [...]
> 67 Anagrammgedichte sind fertig, ich schreibe am Nachwort, dann will ich die Geschichten von Johann Peter Hebel lesen und der Bibliothek zurückgeben. [...]

„Hebel wußte aber auch, wie seine Geschichten heißen", schreibt Oskar Pastior – und das ist die Wahrheit. Hebels Titel, und ich spreche jetzt tatsächlich *nur* von seinen Titeln, gehören zum Schönsten, das die deutschsprachige Literatur zu bieten hat. Hier nur ein paar der von Oskar Pastior anagrammierten Überschriften:

- Der Mensch in Kaelte und Hitze
- Wie man aus Barmherzigkeit rasiert wird
- Schreckliche Ungluecksfaelle in der Schweiz
- Denkwuerdigkeiten aus dem Morgenlande
- Einfaeltiger Mensch in Mailand
- Bequeme Schiffahrt, wers dafuer halten will
- Kaiser Napoleon und die Obstfrau in Brienne
- Fuerchterlicher Kampf eines Menschen mit einem Wolf
- Etwas aus der Tuerkei
- Der Ackerbau, eine vorzuegliche Schule der Religiositaet
- Des Adjunkts Standrede ueber das neue Mass und Gewicht
- Wie einmal ein schoenes Ross um fuenf Pruegel feil gewesen ist
- Ein Vermutungsgrund fuer die Immaterialitaet der Seele

und so weiter und so fort – einfach großartig! Und gleichzeitig ein kleiner Beitrag zur Poetizität der Liste! Ich würde Ihnen gerne zwei dieser Titel etwas genauer vorstellen, und zwar den *Einfaeltigen Menschen in Mailand* und *Wie man aus Barmherzigkeit rasiert wird*, jeweils in drei Versionen, nämlich dem Hebel'schen Original, der Pastior'schen Anagrammversion sowie einer Art Übersetzung des Pastior'schen Anagramms von mir, die ich 2010 für eine Johann-Peter-Hebel-Anthologie angefertigt habe.

> Johann Peter Hebel:
> Einfältiger Mensch in Mailand
>
> Ein einfältiger Mensch in Mailand wollte sein Haus verkaufen. Damit er nun um so eher davon los werden möchte, brach er einen großen Stein aus demselben heraus, trug ihn auf den großen Marktplatz, wo viel Verkehr und Handel getrieben wird, und setzte sich damit unter die Verkäufer. Wenn nun ein Mann kam und fragte ihn: „Was habt Ihr denn feil?", so sagte er: „Mein zweistöckiges Haus in der Kapuzinergasse. Wenn Ihr Lust dazu habt – hier ist ein Muster."
> Der nämliche sagte einmal bei einer Gelegenheit, als von der Kinderzucht die Rede war: „Es ist ein Glück für meine Kinder, daß ich keine habe. Ich könnte so zornig werden, dass ich sie alle totschlüge."
>
> (Johann Peter Hebel, *Werke*, S. 117)

Soweit Johann Peter Hebel. Eine ziemlich eigenartige Geschichte, wie so viele aus dem *Rheinischen Hausfreund.* Oskar Pastior baut nun aus den Buchstaben der Hebel'schen Titelzeile sein Anagrammgedicht, und das geht so:

Oskar Pastior:
Einfaeltiger Mensch in Mailand

Ein: Dill, Schnee, Tiger, Mafia, Mann
macht gern an: Nil, Anis, Film, Idee
einen: Talmi, Adam, Schleifen, Ring.
In: Igel, Rechen, Salami findet man
meinen: Schmal, Anti, Finger, Elida.
Seine Marginalien: Dacht, Nimfel,
Genital, Marschine, Findel, Manie,
Fischin, Eiland, Marge, Teil, Namen,
Scharm, Fliege, Leinen, Diamantin,
Einfalt, Drama, Innel – ein Gemisch!

(aus: Oskar Pastior, *Anagrammgedichte*, S. 27)

Und meine Bearbeitung dieses Pastior-Gedichts klingt nun so:

einfaeltiger mensch in mailand

beachte die luecke und fuelle! hier kommt ein bisschen
material: ein unbestimmter artikel. dann die ueblichen nomen: estragon, mafiamann, mafiamann, mafiamann.
mafiamann kehrt sich an: arno. nicht aber um: etsch,
hochetsch, eisack und den unaussprechlichen. macht
einen auf: matrize, fatzke, labetzke, zielschwein und
aber ziervogel auch. in: einen zirkel geraten. in: einen
igel geschneuzt. in: einem adam befangen. in salamis
findet sich statik begraben. immer anti, versteht sich.
drehtisch auf: marginalstellung. genschaden, die ganze
ganze ganze scheisse. mafiamann auf kurs lampedusa.
sein? sein? na? ganz richtig: sein eiland! rinseldrama,
stumme groesse. runzelfresse, tu dich auf und: verb. ein
bestimmter artikel. nomen. laffel, schwarma, artgesang.
mafiamann. mafiamann packt seinen krempel und plumpst.

(aus: Ulf Stolterfoht, *fachsprachen XXXVII–XLV*, S. 24)

Was mich nun wirklich seltsam berührt, ist die Tatsache, dass in der Hebel-Geschichte die Art des Pastior'schen Umgangs mit deren Titelzeile schon dadurch angelegt zu sein scheint, dass das holographische Bild des Steins, der für das ganze Haus stehen soll, seine Entsprechung findet in der abgeschlossenen Reihe von Zeichen, aus denen sich, Zeile für Zeile, das komplette Gedicht entwickelt. Jede Zeile ein Hologramm, weil sie buchstäblich alles bzw. alles Mögliche enthält. Und wenn Oskar Pastior in seinem Gedicht den Faden aufnimmt und nicht nur das Anagramm zum Textgenerator macht, sondern gleichzeitig, aber gewissermaßen eine Stufe höher, auch noch die Form des Lückentextes benutzt, in dessen behauptete Leerstellen das jeweils passende Wort einzusetzen wäre, wobei Pastior verschiedene, interessante Angebote unterbreitet, dann kommen mir diese Wörter auch wieder wie Hologramme, wie der Stein des einfältigen Mailänders vor: Es ist doch jeweils alles darin enthalten. Während mein Text, der nur so tut, selbst ebenfalls ein Anagramm zu sein, mit seinen auseinandergerissenen Umlauten und seinen einheitlichen Verslängen, tatsächlich einen Verrat an der reinen Lehre der Textgenerierung darstellt, indem er, mimetisch und illustrierend zugleich, die Anagrammgedichte auffaltet und nacherzählt – irgendwie niederschwellig und auf Augenhöhe, abholend und mitnehmend, eigentlich grauslich. Aber ich bereue nichts!

Ich würde Ihnen gerne noch ein zweites Triple vorlesen, wobei es sich diesmal um Johann Peter Hebels Geschichte *Wie man aus Barmherzigkeit rasiert wird* dreht. Wir verlassen die Mafiamänner und begeben uns ins Territorium der Hauszwirnmagie treibenden Zierbartbarrikadierer und Zwisthanseln.

Johann Peter Hebel:
Wie man aus Barmherzigkeit rasiert wird

In eine Barbierstube kommt ein armer Mann mit einem starken, schwarzen Bart, und statt eines Stücklein Brotes bittet er, der Meister soll so gut sein und ihm den Bart abnehmen um Gottes willen, daß er doch auch wieder aussehe wie ein Christ. Der Meister nimmt das schlechteste Messer, wo er hat, denn er dachte: ‚Was soll ich ein gutes daran stumpfhacken für nichts und wieder nichts?‘ Während er an dem armen Teufel hackt und schabt, und er darf nichts sagen, weil's ihm der Schinder umsonst tut, heult der Hund auf dem Hof. Der Meister sagt: „Was fehlt dem Mopper, daß er so winselt und heult?“ Der Christoph sagt: „Ich weiß nicht.“ Der Hans Frieder sagt: „Ich weiß auch nicht.“ Der arme Teufel unter dem Messer aber sagt: „Er wird vermutlich auch um Gottes willen balbiert wie ich.“

(Johann Peter Hebel, *Werke*, S. 121 f.)

Oskar Pastior:
Wie man aus Barmherzigkeit rasiert wird

Herr Maiwein sagt dies kaum. Wir Zierbart-
barrikadierer steigen (ha warum?) im Zwist.
Aber Zweige riskiert man im Haarwust dir.
Einzig wer kraus marmiert, ist wahr dabei.
Zwar ist Reimbusigkeit warmer Haarneid –
aber ei was wird mit zu strengem Harakiri?
Aha: Musiker ab Maerz wird weiter stirnig;
wer Dias markiert, treibt Hauszwirnmagie.

(aus: Oskar Pastior, *Anagrammgedichte,* S. 20)

wie man aus barmherzigkeit rasiert wird

also, das kam so: „herr maiwein schwieg sich aus“ ist
diesbezueglich fast zu wenig. im original „sagt er dies
kaum“. dann findet sich der autor unter „wir“: „wir zierbartbarrikadierer“, „wir zwisthansel“, „wir aufsteiger“ -
aber, ha: warum? und wem zugute? dir wachsen schon
zweige im haar – es scheint ein veritabler wust (zu sein).
ein restrisiko allerdings bleibt, vermaledeit, ich leck
dich gleich gegen den strich. wie man sich wider den
stachel verliert. spaetestens jetzt kommt die wahrheit
ans licht: du bist ja wirklich ein hansel! mit toller be-
haarung am busen, das muß der reim dir lassen. einer
missgoennt dir deine frisur – das wird doch nicht herr
maiwein sein? er ists! zurueck mit schwerem beriberi,
also ziemlich markiert. „hauszwirnmagie“ klingt kompliziert. schon kompliziert, aber unsagbar barsch zugleich.

(aus: Ulf Stolterfoht: *fachsprachen XXXVII–XLV*, S. 21)

Vielleicht wird in diesem zweiten Triple noch etwas deutlicher, wie unterschiedlich das Verhältnis Titel – Text jeweils beschaffen ist. Im ersten, dem Hebel-Fall, löst der dem Titel folgende Text das Versprechen des Titels tatsächlich und vollständig ein; er erzählt, wie es zugeht, wenn jemand nur aus Barmherzigkeit vom Barbier rasiert wird. Aber auf eine undurchsichtige Weise scheint die Hebel-Geschichte schon ganz leicht kontaminiert zu sein (bei sehr vielen Kalendergeschichten spürt man das, mal stärker, mal weniger stark), und irgendwie kommt einem der Witz, die Pointe fast etwas altbacken vor, und sie ist eigentlich auch nicht so besonders komisch, überhaupt hat das Ganze etwas von Pflichterfüllung und Dienst nach Vorschrift. Ganz großartig ist aber, wie dieser Widerwillen, den Konventionen der Kalendergeschichte ein weiteres

Mal zu entsprechen zu müssen, aufgenommen und gespiegelt wird im Widerwillen des Barbiers, den armen Mann umsonst zu rasieren. Ein ähnliches Phänomen kann man, wenn man will, am Ende der Mailand-Geschichte beobachten. So, als ob die Geschichte über den Hausverkauf alleine fast zu schlüssig und zu durchsichtig erschiene, wird sie erweitert durch die Sorge des Protagonisten darüber, seine nicht vorhandenen Kinder im Zorn totschlagen zu müssen, bzw. durch die Freude, mangels Geburten dazu eben nicht in der Lage zu sein. Ich vermute, dass es in vielen dieser Texte (aber wie gesagt nicht in allen) Hebels Strategie sein könnte, die Geschichten vom Ende her implodieren zu lassen, und zurück bleibt, in den Trümmern einer in Stücke gegangenen Geschichte, der Titel, einsam und wie aus Stein gemeißelt, oder vielleicht besser: so wie die Buchstaben auf den Hollywood Hills.

Im Fall des Pastior'schen Anagrammgedichts passiert, glaube ich, genau das Gegenteil: Der Titel behauptet sich nicht gegen die Zumutungen des Textes, vielmehr verflüssigt er sich und löst sich in jedem neuen Vers neuerlich auf. Tatsächlich *ist* der Titel der Text, es gibt keinen Text jenseits des Titels. So sind alle Gedichtzeilen einschließlich der Titelzeile nicht nur absolut gleichwertig, sie sind auch buchstäblich jede für sich ein eigener Titel, wobei unklar bleiben muss, wofür. Ein alternativer Titel für den kompletten Text? Oder ein Titel für ebenjene Zeile, aus der dieser Titel besteht / die aus diesem Titel besteht? Insgesamt erweisen sich Titel und Text als gleich stark. Wir können sie letztlich nicht unterscheiden.

Im Fall meiner Pastior-Paraphrase fällt mir ein abschließender Befund schwer. Es scheint hier jedenfalls ein Problem zu geben. Der Titel (als Gegenstand) ist jedenfalls, auch ohne Anführungszeichen, ein Zitat, wobei es ganz egal ist, ob Pastior oder Hebel oder beide zitiert werden. Das Problem liegt womöglich darin, und nun wird es, wie ich befürchte, wirklich schwer nachvollziehbar, dass es sich bei Zitaten, so wie ich sie verstehe, ebenfalls um Gegenstände handelt. Wenn etwa Gottlob Frege Begriffe definiert als „Wörter, gleichsam in Anführungszeichen“ und ihnen so zugesteht, sprachliche oder wortförmige Gegenstände zu sein, dann würde ich gerne Sätzen in Anführungszeichen Ähnliches zubilligen. Und wir wären in der misslichen Lage, mit dem Titel *wie man aus barmherzigkeit rasiert wird* etwas analysieren zu müssen, das in mindestens zweifachen Anführungszeichen steht. Aber heben sich mehrfache Anführungen, und wohlgemerkt nicht nur geradzahlige, nicht gegenseitig auf? Oder ist das Quatsch, und sie verstärken sich sogar? Oder ganz anders gefragt: Ist denn nicht jeder Titel ein Zitat, und sei es allein ein zusammengesetztes aus dem Wörterbuch?

Hier folgt ein dickes Nichtsdestotrotz und ein noch dickeres Darüberhinaus: Darüber hinaus kommt es mir so vor, als hätten in meinem Hebel-Pastior-Gedicht Titel und Text den Platz getauscht, als ob mein Gedicht eigentlich der Titel sei und der herbeizitierte Titel das Gedicht. Weiter bin ich hier noch nicht, und ich kann Ihnen nur versprechen, nicht nachzulassen, über dieses seltsame Phänomen nachzudenken – und dann, gegebenenfalls, alles der Mülltonne zu überantworten.

Bevor ich Ihnen nun den zweiten Teil der *Krähe*-Bibliographie ans Herz legen möchte, noch ganz schnell ein wirklich sehr berühmtes Zitat des Schutzpatrons dieser Vorlesungen, nämlich der etwas gekürzte Paragraph 293 aus Ludwig Wittgensteins *Philosophischen Untersuchungen*, der mir das Verhältnis Titel – Text noch einmal aus einer ungewohnten Perspektive zu beleuchten scheint. Es handelt sich um den Käfer-Schachtel-Paragraphen, und wenn Sie nun (Sie werden lachen, hier folgt tatsächlich eine Anweisung, wie das Folgende zu verstehen ist – so viel zum Thema Demokratisierung, Enthierarchisierung und Leseremanzipation durch die experimentelle Dichtung!), wenn Sie also das Wort „Käfer“ durch das Wort „Titel“ ersetzen und den Ausdruck „das Ding in der Schachtel“ durch das Wort „Text“, dann verstehen Sie diesen kurzen Wittgenstein-Paragraphen genau so, wie ich es mir von Ihnen wünsche, dann verstehen Sie ihn ‚richtig‘:

> […] Angenommen, es hätte Jeder eine Schachtel, darin wäre etwas, was wir „Käfer“ nennen. Niemand kann je in die Schachtel des Andern schaun; und Jeder sagt, er wisse nur vom Anblick *seines* Käfers, was ein Käfer ist. – Da könnte es ja sein, daß Jeder ein anderes Ding in seiner Schachtel hätte. Ja, man könnte sich vorstellen, daß sich ein solches Ding fortwährend veränderte. – Aber wenn nun das Wort „Käfer“ dieser Leute doch einen Gebrauch hätte? – So wäre er nicht der der Bezeichnung eines Dings. Das Ding in der Schachtel gehört überhaupt nicht zum Sprachspiel; auch nicht einmal als ein *Etwas*: denn die Schachtel könnte auch leer sein. – Nein, durch dieses Ding in der Schachtel kann ‚gekürzt werden‘; es hebt sich weg, was immer es ist. […]

Großartig, oder? Vor allem die überwältigende Idee, dass sich unter den geschilderten Umständen der jeweilige Text, wie auch immer er beschaffen sein mag, weghebt, dass es auf ihn überhaupt nicht ankommt, und schließlich nur der Titel übrigbleibt. Eine bessere Legitimation, Ihnen nun tatsächlich den zweiten Teil der Krähe'schen Titelliste vorzulesen, kann ich mir nicht vorstellen. Sie folgt.

bibliographie (2. teil)

hessischer android in nassem t-shirt (1987) ein nachmittag mit pater anselmo (1987) nahrungsklappen in vorarlberg und oberschwaben. mit abbildung (1988) der knabe im magnesiumgewand (1988) finde kobold geiler (1988) grober mensch mit frosch (1988) (ich bin ...) härter als dein gatte (1988) der kaiser von hanau (1989) das tempelhof-rollfeld-problem (1989) zarte hand

mit hammer (1989) hübscher kabinenkellner (1989) ian underwood schaut dich an (... und hat dabei die peitsche in der hand) (1989) schwabing schubumkehr (1989) ranschmiß an kürbis (1989) schön, daß du mich dafür bezahlst (1990) das da drüben dürfte ein dachs sein (1990) typ sucht die ganze nacht nach seinen lurchen (1991) laßt uns nach bergen-enkheim ziehen (1991)

schmalzstulle mit gurkerl dm 1,70 (1991) kleiner, grüner kratzepulli & die cordsamt-schwuchtel (1991) ein transporter der tierkörperverwertung zuffenhausen (1991) luigi und die dummen jungs (1992) der mann mit dem frauenkopf (1992) meine gitarre tötet deinen scheich (1992) die anti-schweinkram-liga schifferstadt (1993) gerät für einsame truthähne (1993) ein abend mit

hubert burda (1993) frösche mit schmutzigen gesichtern (1993) wein dich an einer anderen hüfte aus (1993) thema von patenonkel II (1994) schockiger mann (1994) sohn von hübscher kabinenkellner (1995) früher hat er hier das gras gemäht (1995) du mußt den gang ganz langsam kommen lassen (1995) kindchen, ich gefall dir doch (1996) meine gitarre tötet deinen ab-

geordneten (1996) überraschend cooler ombudsmann mit enkel von halts maul und schreib dein gedicht (1996) ich verspreche, nicht in ihrem mund zu brummen (1996) du seist vom jazz befreit! (1997) ersatzflüssigkeit (1997) rückkehr von schwester von schwarze windeln (1997) wir wollen es beide (1997) planet der bariton-frauen (1998) doc olmo (1998)

onkel rudi will dir was zu trinken kaufen (1999) die rache der knick-knack-leute (1999) gummihemd (2000) gregor in bitburg (2000) riech meinen bart und zergeh! (2000) der rituelle tanz des kürbisschänders (2001) helmut, der hengst (2001) sohn von kraut (2002) erfolgte versuche in kinnbildung (2002) variationen über eine geheime akkord-

folge von thomas meinecke (2002) was gibts neues in mitte? (2003) sie fragen sich vielleicht, was ich hier mache (2004) sohn von anspruchslose gelegenheitsdichtung (2004) das hat dir der käse erzählt (2005)

> ruckaberle (2005) warum schmerzt es, wenn ich grinse (2005) sie lies-
> sen es mich essen (2006) gedichte aus dem umfeld von „übles schuh-
>
> werk“ (2006) luchse? welche luchse? (2007) weißer schwäbischer wi-
> derstand (2007) sohn von kröte allein im wald (2008) ich dichte einfach
> weiter (… auch wenn mein höschen platzt) (2009) wer bitteschön ist
> pony hütchen – und warum erzählt sie diese ganze scheiße über mich?
> (2009) harry tisch will sich deine trulla krallen (2010) kommse mir
>
> nich am kellner (2010) diese maschine tötet genossen (2010) zuckerbrot
> und zaunpfahl (2011) den affenartigen sollt ihr verbrennen (2012) ich bin
> mir gedanklich ein lauch (2012) nach pirmasens! (2012) zwölf sätze über
> ein verstorbenes mitglied des klans (2012) dreizehn sätze über „morsch“
> (2013) sohn von so grün war mein schal (2013) leg dich nicht mit dem laf-
>
> fen an (2014) schleichkatze (2014) rückkehr von mein übergroßer sohn
> (2014) tochter von er malt sich seine hose an (2015) adam sense und die den-
> gels (2015) carla und fausto, zwei gutaussehende trotzkisten (2016) dicker
> weißer fürst (2016) ich würde mit der scheiße nicht hausieren gehen (2016)
> bitte verlassen sie diesen text, wie sie ihn vorzufinden wünschen (2017)

Ende für heute. Allerdings nicht, bevor nicht das Rätsel des Vorlesungstitels gelöst ist. Gerne: *Methodenmann vs. Grubenzwang und mündelsichre Rübsal* verweist auf nichts und soll genau das bedeuten, was dasteht, nämlich *Methodenmann vs. Grubenzwang und mündelsichre Rübsal*. Dieser Erklärung folgte nun, als wildester Wunsch des Vortragenden: dass in den hinteren Reihen dieses Saales ein Hüsteln und Hadern vernehmlich würde, ein anschwellendes Bocksgegrummel, bis schließlich eine oder einer von Ihnen aufspränge und riefe: „Hömma, Alda, wie soll denn das möglich sein, dass ein sprachlicher Gegenstand etwas bedeutet? Du erzählst uns zwei Abende lang, dass einem Gegenstand möglicherweise Existenz zukommt, aber sicher keine Bedeutung. Und jetzt das! Geht’s eigentlich noch?“

Puuh, sagt da der Vortragende, Sie haben völlig recht. Mal sehen, ob wir kommenden Montag, wenn es abschließend um lyrische Sätze gehen soll, aus dieser Zwickmühle wieder herauskommen. Ich bin genauso gespannt wie Sie, das dürfen Sie mir glauben! Bis dahin:

Besten Dank für Ihre Geduld und Ihre Zugewandtheit. Und für Ihren engagierten Zwischenruf, natürlich!

Methodenmann vs. Grubenzwang und mündelsichre Rübsal

VORLESUNG 3:

Lyrische Sätze

Sehr geehrte Damen und Herren,

> i n d e r e r s t e n z e i l e s t e l l
> t s i c h d e r d i c h t e r ein geschlec
> htsorgan vor in der zweiten zeile stellt sich
> der dichter kein geschlechtsorgan vor in der d
> ritten zeile stellt sich der dichter vor wie d
> er leser sich ein geschlechtsorgan vorstellt i
> n der vierten zeile stellt sich der leser vor
> wie sich ein geschlechtsorgan den dichter vors
> tellt in der fünften zeile stellt sich ein ges
> chlechtsorgan vor wie sich der leser kein gesc
> hlechtsorgan vorstellt in der sechsten zeile s
> tellt sich der dichter vor wie sich der dichte
> r keinen dichter vorstellt in der siebenten ze
> ile stellt sich kein leser ein geschlechtsorga
> n vor in der achten zeile stellt sich kein geschle
> chtsorgan vor wie sich kein geschlechtsorg
> an ein geschlechtsorgan vorstellt in der neunt
> en zeile stellt sich kein dichter ein geschlec
> htsorgan vor in der zehnten zeile stellt ein g
> eschlecht sich ein organ vor das gedicht ist n
> icht pornografisch und bezieht seinen reiz aus
> dem titel NOVEMBER

(aus: Oskar Pastior, *Gedichtgedichte*, o. S.)

Dies ist eines der grandiosen *Gedichtgedichte* von Oskar Pastior, im Jahr 1973 als Luchterhand-Typoskript erschienen, Lektorat: Klaus Ramm, und in diesem gar nicht so besonders langen Gedicht ist tatsächlich alles enthalten, was ich Ihnen, gleichermaßen langatmig und umständlich, an drei heißen Sommerabenden erzählen wollte. Wenn es noch eines Beweises bedurft hätte, dass das Gedicht dem Essay, zumindest dem von mir verfassten Essay, überlegen ist, dann wäre er hier souverän erbracht. Mir hat es dabei insbesondere die achte Zeile angetan, in der sich kein geschlechtsorgan vorstellt, „wie sich kein geschlechtsorgan ein geschlechtsorgan vorstellt" – sollten Sie den nicht minder grandiosen und Oskar Pastior in gewisser Weise wesensverwandten Zeichner Tomas Schmit kennen (kennen Sie ihn nicht, müssen Sie das unbedingt ändern!), dann kennen Sie vielleicht auch eine Zeichnung von ihm, auf der man einen ganzen Haufen kleine, rotbraune Stäbchen und Pünktchen sieht, wunderschön – noch schöner ist allerdings der Titel dieser Zeichnung, er lautet: *So stellen sich Viren Salmonellen vor!* Dies vielleicht als Nachtrag zum vergangenen Montag.

Oskar Pastiors Gedichtgedicht, das es ja nur deshalb gibt, weil Pastior uns mitteilt, was drinsteht in diesem Gedichtgedicht, sonst gäbe es dieses Gedicht gar nicht – eine Aussage, die irgendwie bescheuert klingt, aber wehe, man fängt ernsthaft an, darüber nachzudenken: oh je, oh je! –, dieses Gedichtgedicht reißt, auf eine überaus raffinierte Art, zwei Probleme an, die in den bisherigen Vorlesungen schon mehrfach angeklungen sind, zum einen das der Zeile, des Verses, des lyrischen Satzes, zum anderen das Problem der Negation im Gedicht.

Zuerst vielleicht zur Negation, zur Negation in der ganz besonderen Pastior'schen Art der Verwendung, von der ich Ihnen noch ein paar weitere Kostproben geben möchte, diesmal aus dem Band *Wechselbalg* von 1980:

– „Froh / machen keine Socken aber auch nicht immer sehr" aus dem Gedicht *Kummer und Socken* (Oskar Pastior, *Wechselbalg*, S. 16), ein besonders fieses Beispiel, wie mir scheint, auch weil es mich an die souveräne Reaktion einer Schaffnerin erinnert, die, auf die Frage, warum denn gerade dieser ICE, von Leipzig kommend, neuerdings nicht mehr am Bahnhof Berlin-Südkreuz halte, zur Antwort gab: „Alles Neue ist nicht immer gut!"

– Richtig schwierig wird es im Gedicht *Hydrohierarchie / Tschipp* (ebd., S. 20): „Selbst wenn Elektra und sonst niemand nicht oft baden, kühlt nicht nur oft das Bad ab sondern auch nicht nur sie." Puuuh!

– Oder im Gedicht *Vorliebnahme & Nachempfindung*, fast ein Kommentar zum gerade gehörten Geschlechtsorgan-Gedichtgedicht: „Demnach ist es für zwei Liebesdienste nicht nur schwierig sondern auch unerheblich, sich ohne ein Organ, doch voll der Inhaltlichkeit desselben, an ein Thema zu klammern, beziehungsweise an zwei Stöpsel dafür, nein, vielmehr nicht interessant – ein Thema eher für Stöpsel, nicht für uns beide." (Ebd., S. 22)

– Noch einmal anders funktioniert die Negation im *Wechselbalg*-Klassiker *Willentlich gebrochen*, nämlich so: „Selbst diese Stelle ist am Rand zum weißen Fleck, der fehlt, fast weiß." Um schließlich so zu enden: „Was fehlt, das ist ein mittelgroßer Fleck zum Fehlen dieser Stelle." (Ebd., S. 54)

Das, was Oskar Pastior oben mit den Geschlechtsorganen, Stöpseln und weißen Flecken macht, steht in einer langen, langen lyrischen Tradition, angefangen mit Homers von Niemand geblendetem Polyphem über Hölderlins Oden und Elegien bis hin zu Oswald Eggers erstaunlichen Nichtungsschichtungen, und all diese vermeintlichen Strategien des Ausradierens sind in Wahrheit ja das genaue Gegenteil von Löschung; das, was hier passiert, ist eine ungeheure Emanzipation der Sprache gegenüber der Welt, es ist, einmal mehr, eine Vergegenständlichung, eine Verdinglichung der Sprache. Mir ist nicht bekannt, ob es über diese konstitutiven Phänomene der Negation eine umfassende, wissenschaftliche Arbeit gibt – ich wäre für jeden Hinweis dankbar bzw. zur sofortigen Subskription bereit. Zumal ja auch noch das Problem zu lösen wäre, welches die Konstruktion des Satzes: „Es ist unmöglich, von Edgar Wallace nicht gefesselt zu werden", darstellt – ich glaube, das hatte ich Ihnen am ersten Abend versprochen. Aber gemessen an Oskar Pastiors negierenden Versuchsanordnungen ist das ja ein kleiner Fisch. Damit kommen Sie leicht alleine klar! Hier stattdessen ein Ausschnitt aus Friedrich Hölderlins Elegie *Der Wanderer*, einfach, um dadurch zu zeigen, dass die Verneinung nicht nur erkenntnistheoretisch, sondern auch ästhetisch zutiefst befriedigend sein kann:

> Ach! nicht sprang, mit erfrischendem Grün der schattende Wald hier
> In die säuselnde Luft üppig und herrlich empor,
> Bäche stürzten hier nicht in melodischem Fall vom Gebirge,
> Durch das blühende Thal schlingend den silbernen Strom,
> Keiner Heerde vergieng am plätschernden Brunnen der Mittag,
> Freundlich aus Bäumen hervor blikte kein wirthliches Dach.
> Unter dem Strauche saß ein ernster Vogel gesanglos,
> Ängstig und eilend flohn wandernde Störche vorbei.

Nicht um Wasser rief ich dich an, Natur! in der Wüste,
Wasser bewahrte mir treulich das fromme Kameel.

(Friedrich Hölderlin, *Der Wanderer*, S. 69 f.)

So großartig dieses Hölderlin-Gedicht ist, bleibt doch ein Wunsch: Wäre es nicht noch toller, wenn unter dem Strauche nicht „ein ernster Vogel gesanglos“ säße, sondern vielmehr: kein ernster Vogel gesanglos? Überhaupt kein Problem. Wünsche sind dazu da, erfüllt zu werden – bitte schön:

was von „gesanglos“ übrig bleibt – „ein ernster vogel“
reißt es an. kein ernster vogel handelt ab was der
erscheinung eigen schien. er streicht sich sozusagen
durch. man schüttelt innerlich den kopf. man nickt.
siehts ein. das muß das wesen der verneinung sein.
was auf den zweiten blick verwirrt: … KEINE X

PFERDE (… bringen einen weg) hält auf den dritten
stand und fest. kein eines pferd hält also fest.
elf pferde oder neun: sie bringen einen weg. genau
wie keine zehn. sie halten einen fest. dann aber
bitte nichts wie ran an keine null pferde – sie
abzubäumen/aufzuzäumen. was nämlich sache ist

(um letzte zweifel auszuräumen): nicht nicht zu
unterlassen. nicht zu vergessen: vergessen. zu
hungern. es schlichtweg verrichtet. nähme sich vor:
zu schneiden das brot. vergißt es. wird nun (das
brot wird immer härter) zu schneiden nennen „sägen“
sein? sei eure rede bestenfalls ja ja / nein nein!

was ähnlich schwer zu klären ist: ob es vielleicht
wahrscheinlich gibt. tendenz: vielleicht. wahrscheinlich
nicht. doch damit steht man schnell allein. kommt also

nicht umhin „unding schlechthin“ als haben ding zu gelten
lassen. das brotlose des unterfangens: nicht nur nicht
nicht zu sagen / un zu tun. dann seine schönheit aber auch.

(aus: Ulf Stolterfoht, *fachsprachen I–IX*, S. 54)

Eines noch: Dass Negationen hier eine so herausgehobene Rolle spielen, liegt sicher darin begründet, dass die angeführten Sätze in ihrer speziellen Struktur des Widerrufs und der Rücknahme des Gesagten, indem sie sich also selbst den Boden unter den Füßen wegziehen, auf eine ganz offenbare Weise lyrische Sätze sein müssen. Indem diese Sätze nämlich über das Nichtbestehen von Sachverhalten und das Fehlen von Tatsachen sprechen können, verkehren sie das traditionelle Abhängigkeitsverhältnis von Sprache und Welt ins Gegenteil, und der letztmögliche äußerbare Satz würde heißen: Es gibt nichts, außer mir, dem Satz, der die Nicht-Existenz der restlichen Welt konstatiert. Dass es dennoch ein Fehler sein kann, anzunehmen, solche Sätze seien automatisch auf den Bereich der Literatur beschränkt, bewies mir, irgendwann im letzten strengen Winter, die folgende Mitteilung, ans Tor der Schöneberger Sportanlage Monumentenstraße geklebt: „Das für heute angesetzte Nachholspiel muss leider ausfallen“ – und wenn ich mir oben eine Studie über die heilsame Wirkung der lyrischen Negation gewünscht habe, dann möge das ihr Titel sein: „Das ausgefallene Nachholspiel – über Löcher in Lyrik und Außenwelt“. So viel dazu.

Der zweite Punkt, den Oskar Pastior in seinem Geschlechtsorgan-Gedicht anspricht, ist das Problem der Zeile. Pastior löst es spielerisch, einfach dadurch, dass er zwar von Zeile 1,2,3,4 ff. spricht, diese Zeilen selbst aber keine Zeilen sind, sondern sich immer über mehrere Zeilen erstrecken, was natürlich mit Pastiors Trick zusammenhängt, dass die Zeile ja nicht die Zeile *ist*, sondern allein die entsprechende Zeile beschreibt. Dass diese Zeile allerdings *nur* in dieser Beschreibung existiert, ist die Falle, aus der man nicht mehr herauskommt.

Und Oskar Pastior kann es noch viel genauer:

> d a s g e d i c h t h a t 9 zeilen 5 hauptw
> örter 6 zusammenhänge 3 metafern 4 umlaute 145
> buchstaben die obige beschreibung des gedichte
> s hat etwas mehr als zwei zeilen 7 hauptwörter 6
> zusammenhänge 1 metafer (personifizierung des
> gedichtes durch die behauptung es habe die ang
> eführten dinge) 2 umlaute 68 buchstaben 8 ziff
> ern das aus der gegenüberstellung der obigen b
> eschreibung des gedichtes und der ihr folgende
> n beschreibung der beschreibung entstandene un
> d wie sie sehen immer noch entstehende erst am
> scheinbaren schluß zu ende seiende hier zu les
> ende gedichtgedicht schmachtet im turm seiner
> wörtlichkeit (gilt als 1 metafer) die beschrei
> bung dieses gedichtgedichtes stellt uns vor sc
> hier unüberwindliche schwierigkeiten wenn z b
> von den hauptwörtern die rede ist muß das wort
> hauptwort bei der beschreibung ja natürlich zu
> den hauptwörtern gerechnet oder gezählt werden
> aber nicht nur einmal sondern gleich zweimal w
> eil es nämlich nicht nur ein hauptwort ist son
> dern auch hauptwort lautet oder das wort meta
> fer es ist natürlich 1 metafer wie aber rechnen
> wir beispielsweise die 145 buchstaben aus der
> obigen beschreibung des gedichtes die ihrers
> eits ja nur 68 buchstaben hat wie in der beschre
> ibung der beschreibung des gedichtes zu lesen
> ist während der beschreibung des gedichtgedich

tes bloß hinzu? sind 145 buchstaben etwa 145 b
uchstaben oder sind es drei ziffern und zehn b
uchstaben des wortes buchstaben oder sind es 1
45 plus 1 buchstaben also 146 buchstaben oder
sind es 145 mal die zehn buchstaben des wortes
buchstaben also 1450 buchstaben? oder zählt in
der buchstabenzählung bei 145 buchstaben etwa
gar nur das wort buchstaben als nur 1 mal buch
staben? die behauptung das gedichtgedicht schm
achte im turm seiner wörtlichkeit ist also wir
klich keine übertreibung über den nagel gepeil
t (gilt als 1 metafer) hat das gedichtgedicht
56 zeilen 126 hauptwörter 37 zusammenhänge 15
metafern 27 umlaute 27·146 buchstaben 67 ziffe
rn erwähnte zurechnungsschwierigkeiten legen j
edoch die vermutung nahe daß die endergebnisse
sich durch hinzuzählen bzw ausmultiplizieren d
er numerischen ergebnisse mit ihren eigenen be
zugswörtern sowie durch die dadurch erforderli
che verlängerung des gedichtgedichtes beliebig
lange bis ins astronomische (was wieder als 1
metafer aufzufassen wäre) fortgesetzt werden k
önnten wenn nicht gar müßten invariabel bliebe
die anzahl des zeichenpaares ( ) unter der vora
ussetzung daß diese anzahl nicht angeführt das
zeichenpaar nicht näher benannt würden wie auc
h daß daß sein gebrauch sich in der fortsetzung de
s gedichtgedichtes nicht erneut als nötig erwi
ese

(aus: Oskar Pastior, *Gedichtgedichte*, o. S.)

Um nun aber auch für uns das Problem der *Zeile* definitorisch zu klären, zumindest was diese Vorlesungen betrifft, wäre mein Vorschlag, hier weder von Zeilen noch von Versen zu sprechen, sondern ausschließlich von lyrischen Sätzen, von Sätzen w. s. i. G. v. (Sätze, wie sie in Gedichten vorkommen) oder einfach von ‚Sätzen', solange klar ist, dass wir von Sätzen innerhalb von Gedichten sprechen. Sätze sollen dabei Einheiten sein, die zwischen zwei (realisierten oder auch nur imaginierten) Punkten stehen. Einfach deshalb, weil a) Gedichte mit einem festen Metrum, das sich auf den Vers, und nicht auf eine Periode beziehen würde, praktisch ausgestorben sind, sich alle freieren rhythmischen Überlegungen aber notgedrungen auf Sätze, und nicht auf Verse beziehen, und weil b) wenn man überhaupt an sowas wie, na ja: lyrischen Aussagen oder lyrischem Bedeutungstransport festhalten möchte (was immer das sein soll), man wohl nicht darum herumkommt, diesen in Sätzen, und nicht in Versen oder Zeilen geschehen zu lassen.

Nachdem das nun glücklich geklärt wäre, werden dadurch die Probleme aber nicht kleiner:

„die aprikosenbäume gibt es, die aprikosenbäume gibt es."

So beginnt Inger Christensens berühmtes, buchlanges Gedicht *alphabet* in der Übersetzung von Hanns Grössel, und dieser Satz, dieser Doppelsatz mit einem Komma in der Mitte, hat etwas Irritierendes, eine ganz seltsame Ausstrahlung, und das hat auch mit unserer eigentlichen Frage zu tun, wo in Ludwig Wittgensteins System der sinnvollen, sinnlosen und unsinnigen Sätze die lyrischen Sätze denn nun anzusiedeln wären. Und ob überhaupt.

Zuallererst ist der Satz: „die aprikosenbäume gibt es", als Paraphrase des Satzes: „Es gibt Aprikosenbäume", eine Existenzaussage, die sich, wäre sie außerhalb eines Gedichts geäußert worden, ohne weiteres überprüfen und, Stand Juli 2019, auch verifizieren lässt. Keine Frage, da draußen gibt es Aprikosenbäume. Problematisch scheint mir jedoch die beschwörende Wiederholung dieser Aussage zu sein. Die Wahrheit des Satzes: „die aprikosenbäume gibt es", ist so zwingend und so unhinterfragbar, dass die Beschwörung dieses vollständig evidenten Sachverhalts gerade da Zweifel sät, wo vorher gar keine waren. Und der Hinweis, dass Inger Christensen diesen Satz niederschrieb im Gedenken an Hiroshima und Nagasaki, im Wissen um Atom-, Wasserstoff-, Kobalt- und Neutronenbombe, erklärt vielleicht die Autorintention, nicht aber den Status dieser Aussage, noch dazu in einem Gedicht. Und so scheint mir das eigentliche Problem dieses Satzes darin zu bestehen, dass Existenzaussagen in Gedichten selbstverständlich vorkommen können, aber dann eben keine Existenzaussagen mehr sind, sondern sich nur deren Form bedienen und bestenfalls so tun, als ob. Im neunten Gedicht des *alphabets*, das sich im dänischen Original ganz dem neunten Buchstaben, dem „i" widmet, heißt es dann auch ganz folgerichtig:

> […]
> die zikaden gibt es; wegwarte, chrom
>
> und die chromgelbe iris, die blaue; den sauerstoff
> zumal; auch die eisschollen des eismeers gibt es,
> den eisbären gibt es, wie ein pelz mit einer personennummer
> gestempelt gibt es ihn, zu seinem leben verurteilt;
> und den ministurz des eisvogels hinab in die blaugefrorenen
>
> märzbäche gibt es, wenn es die bäche gibt;
> wenn es den sauerstoff in den bächen gibt, den sauerstoff
> zumal; gibt zumal dort wo es die i-laute
> der zikaden gibt; zumal dort wo es den himmel
> der wegwarte wie waschblau in wasser aufgelöst

gibt, die chromgelbe sonne, den sauerstoff
zumal; bestimmt wird es ihn geben, bestimmt
wird es uns geben [...]

Ich wiederhole Inger Christensen noch einmal:

die zikaden gibt es

[...]
zumal dort wo es die i-laute
der zikaden gibt

(Inger Christensen: *alfabet / alphabet*, S. 9)

Und schon mischt sich, als hätte er nur drauf gewartet, Oskar Pastior ein, und zwar wieder mit einem Gedichtgedicht:

d u r c h   l a u t m a l e r i s c h e   e f f
e k t e   s p i t z t   sich die erste zeile
des gedichtes immer mehr zi das gedicht hat fü
nfundzwanzig zeilen durch allmähliche verjüngu
ng der zeilen spitzt im gedicht sich die ritmi
k zi das gedicht benützt kindir-lidir und frem
dwirtir das gedicht endit mit IGITTI / FIGGI /
NI pfiffig witzig spritzig treibt das gedicht
verschiedene verhaltensweisen auf die spitze s
pießt sie auf und führt sie ad absirdim das ge
dicht trägt den titel AU WO WUL AST MOR EUM EB
IND und ist äußerst bestechind

(aus: Oskar Pastior, *Gedichtgedichte,* o. S.)

Das, was Inger Christensen oben andeutet, nämlich dass es die Zikaden vielleicht nur in ihrer klanglichen Realisierung gibt, in ihrem i-Laut – und das ist ja nicht der Laut, den wir hören, wenn die Zikaden beginnen, ihr Theater aufzuführen, sondern das ist der Laut, den wir hören, wenn wir das Wort „Zikade" aussprechen –, mit dieser Idee macht Oskar Pastior ernst in diesem Gedichtgedicht. Womit wir allerdings wieder bei Strategien der sprachlichen Vergegenständlichung gelandet wären, die auf der Wortebene stattfinden. Der heutige Abend sollte aber den Methoden syntaktischer Verdinglichung vorbehalten bleiben. Ausgehend von den Aprikosenbäumen, die es gibt und gibt, würde ich gerne versuchen, dieses Phänomen an einem eigenen Satz, einem *fachsprachen*-Satz, genauer zu untersuchen. Um zu begreifen, unter welchen Umständen dieser Satz entstanden ist und welcher Status ihm innerhalb des Gesamtprojekts zukommt, muss ich, wie ich fürchte, ein wenig weiter ausholen und mit einem Blick zurück beginnen. Weil ich diesen Rückblick aber erst vorgestern Abend geschrieben habe und jetzt versuche, ihn ins Gesamtgeschehen einzupassen, knirscht es beim Übergang ein wenig. Dafür möchte ich mich entschuldigen.

Knirsch, knirsch.

Obwohl das *fachsprachen*-Projekt von Anfang an auf neun Bände ausgelegt war – so hatten wir, der erste *fachsprachen*-Verleger Urs Engeler und ich, es uns zumindest auf dem Wiener Zentralfriedhof gegenseitig versprochen –, gab es doch einen Moment, an dem das ganze Unternehmen auf der Kippe stand. 2004, kurz vor Veröffentlichung des dritten Bandes, hatten sich die ersten beiden Bände als veritables Kassengift erwiesen, und womöglich kam es uns auch beiden so vor, als seien die formalen Möglichkeiten nach dann drei Bänden und 243

Gedichten doch so langsam ausgereizt. Nachdem ich mich ins Unausweichliche eingefunden und mich sogar fast damit angefreundet hatte, zeigte sich allerdings, dass viel mehr Ideen vorhanden waren, als letztlich in den Band passen würden, was dazu führte, dass die beiden abschließenden Abteilungen zu großen Materiallagern gerieten, Teil 27 als eine lange Liste Eigennamen und Neologismen, die es so doch noch knapp in die *fachsprachen* geschafft hatten, Teil 26 mit einer Vielzahl von übrig gebliebenen Sätzen und Satzfragmenten aus den verschiedensten Themenbereichen, etwa Carl von Linnés *Lappländische Reise* in H. C. Artmanns Übersetzung, der ganze Edda- und Skalden-Komplex, die Übersetzung des *I Ging* von Richard Wilhelm, eine von mir, leicht beschwipst, angefertigte Mitschrift der synchronisierten Dialoge eines experimentellen, möglicherweise polnischen Films über einen grausamen Pharao auf ARTE, die pfingstliche Zungenrede aus Thomas Pynchons *Enden der Parabel*, Transkriptionen bizarrer Theaterkritiken aus verschiedenen süddeutschen Regionalzeitungen und einiges andere mehr – jede dieser Sammlungen hätte einmal eine eigene Abteilung zu je neun Gedichten werden sollen. Die nun realisierte und abgedruckte Version in der Form von 9 mal 9 listenartigen Satzblöcken hat, vor allem für unsere Zwecke, den großen Vorteil, dass diese Sätze für sich stehen können und kontextunabhängig funktionieren. Natürlich bleibt das thematische Umfeld dieser Sätze, etwa die Welt der nordischen Mythologie, durchaus spürbar, trotzdem muss jeder Satz für sich alleine stehen und sprechen, da er in keinen Gedichtzusammenhang eingebunden ist. Es handelt sich also um lyrische Sätze ohne Gedicht. Und deshalb könnte es lohnend sein, sich eine dieser diskreten Perioden genauer anzuschauen. Ich habe dafür nun einen Satz ausgewählt, von dem ich bezeichnenderweise nicht mehr weiß, mit welchem Oberthema die Sammlung angelegt wurde, der er entstammt. Der Satz ist wunderschön und lautet:

> bei milchraum riecht es verdächtig nach kobluhn.

Ich wiederhole:

> bei milchraum riecht es verdächtig nach kobluhn.

Und kann nur vermuten, dass ich diesen Satz ursprünglich dem *Kicker* oder dem Sportteil einer Tageszeitung entnommen und ihn dann, leicht modifiziert, in mein Notizbuch eingetragen habe. Bei „milchraum“ scheint es sich nämlich um Patrick Milchraum (* 1984) zu handeln, einen 18-fachen Jugend- und Juniorennationalspieler des SV Stuttgarter Kickers, dessen Karriere, nach Stationen in München, Aachen, Aue, Karlsruhe, Tiflis und Jena, sich derzeit beim württembergischen Oberligisten FSV 08 Bissingen vollendet. Milchraum galt als gleichermaßen großes wie schlampiges Talent.

„kobluhn“ hingegen scheint unzweifelhaft auf Lothar Kobluhn (* 1943; † 2019) zu verweisen, einen extrem torgefährlichen, defensiven Mittelfeldspieler von Rotweiß Oberhausen, der es in 317 Ligaspielen auf stolze 94 Tore brachte, 36 davon in der Bundesliga. 1971 wurde er, als erster und einziger ausgewiesener Mittelfeldspieler, mit 24 Treffern Bundesliga-Torschützenkönig, wobei ihm allerdings, aufgrund der Verwerfungen durch den Bundesliga-Skandal, die Torjägerkanone erst 36 Jahre später übergeben werden konnte, nämlich am 12. April 2008, anlässlich seines 65sten Geburtstags. So weit die Fakten. Falls nun dieser Satz: „bei milchraum riecht es verdächtig nach kobluhn“, nicht doch vollständig von mir erfunden wurde (was ich nicht glaube), so kann ich mir verschiedene, alltägliche Äußerungszusammenhänge für diesen Satz vorstellen, beispielsweise sind / waren sowohl der jüngere Milchraum als auch der Vorgänger Kobluhn physisch starke Defensivspieler, von denen dennoch eine gewisse Torgefahr ausgeht. Ich vermute nun aber, dass der ursprüngliche Satz ein wenig anders lautete, etwa: „Bei Milchraum riecht es nach vorzeitigem Abschied", oder, noch weiter weg, vielleicht etwas wie: „Bei Milchraum stehen die Zeichen auf Trennung", und die Kobluhn-Erweiterung geschah erst nachträglich durch mich. Eine andere Option wäre eine Lesart, die „milchraum" nicht als Eigennamen, sondern als etwas versteht, in dem man zum Beispiel große Milchbehältnisse gekühlt lagern kann, bis sie vom Milchwagen abgeholt werden, und dass es weiterhin in der Nähe dieses Milchraums ziemlich unangenehm nach etwas riecht, das wir vorerst mit „kobluhn" bezeichnen wollen. Möglicherweise klärt sich im weiteren Verlauf, was es mit diesem Kobluhn-Geruch auf sich hat (vielleicht kocht ja nur Tante Kobluhn wieder ihr schreckliches Gulasch), oder es klärt sich eben nicht. Je weiter sich die Interpretationen dieses Satzes: „bei milchraum riecht es verdächtig nach kobluhn", von einer überprüfbaren Faktenlage entfernen, umso eher werden sie dem Gestus dieses Satzes gerecht – so kommt es mir jedenfalls vor. Wenn wir uns nun probeweise und nur vorläufig von jeder Faktizität bzw. deren Überprüfbarkeit verabschieden und diesen Satz als etwas sehen, das *nichts* über die Welt, über Tatsachen oder Sachverhalte, über ihr Bestehen oder Nicht-Bestehen mitteilen will, wir dem Satz also erlauben, uns im Gedicht etwas vorzuführen, dann wäre das im einfachsten Fall die unkommentierte Demonstration seiner selbst, vielleicht sogar eher eine Satzaufführung als eine Vorführung, in komplexeren Spielarten die Demonstration einer Struktur, in der Art von: „so verwenden wir das Verb *riechen nach* im Gegensatz zum Verb *riechen an*", oder: Welche Optionen bietet uns das Dativ-Objekt? Das doppelte Dativ-Objekt? Vor allem aber macht dieser unauffällige Satz einen riesigen Klang- und Anklangraum auf, der von Oskar Pastiors *es riecht nach endgültigem Provisorat* über Nirvanas *Smells Like Teen Spirit* bis zum Teufel mit den drei goldenen Haaren reicht: „ich rieche, rieche Menschenfleisch". Leider ist es mir gerade in diesem Fall nicht möglich, eine exakte strukturelle Entsprechung zu präsentieren, also: „bei x riecht es y nach z", ich bin mir aber ziemlich sicher, dass es sie, entweder auf Papier oder irgendwo tief in meiner Erinnerung, gibt. Gäbe es sie nicht, gäbe es diesen Satz nicht. Und ich glaube, dass auch Ihr Vergnügen (oder Missvergnügen) an diesem Satz wesentlich davon abhängt, ob Sie ebenfalls ein entsprechendes Muster irgendwo gespeichert haben. Oder nicht.

Nach langem Zaudern habe ich mich durchringen können, Ihnen den kompletten milchraum / kobluhn-Komplex zu präsentieren. Bitte lassen Sie bei der Beurteilung Nachsicht walten. Das klingt dann nämlich so:

fachsprache XXVI / (9)

lichtblick mit biß fordert habsucht auf druck.

bei milchraum riecht es verdächtig nach kobluhn.

recht eigentlich kommt man vom fersenblut.

junge junge weizenjunge.

zwischen verleger und dir steht allenfalls ein blatt papier.

morgens früh um acht kracht man mit schöner regelmäßigkeit in einen spatz.

fast schon begann es zu schneien.

dampfwurst mit senfschnack. dazu ein becher brühe.

willkommen in berlin.

(aus: Ulf Stolterfoht, *fachsprachen XIX–XXVII*, S. 109)

Sie werden bemerkt haben, dass nicht jeder dieser Sätze ein Satz war. Auch dafür möchte ich mich entschuldigen. Und Ihnen zur Wiedergutmachung noch ein paar Sätze präsentieren, die durch die Adaption einer bekannten Struktur ihre Bedeutungs- und Bezugsdefizite mehr als nur kompensieren. Sie stammen – Überraschung: von Oskar Pastior, wiederum aus dem Gedichtband *Wechselbalg*, und tatsächlich sind sie weit besser als das blöde „bei milchraum riecht es verdächtig nach kobluhn" geeignet, Ihnen zu zeigen, auf was ich eigentlich hinaus will:

1) Werden die Scheren im Himmel geschlossen, handelt es sich um Schneesturm. (S. 10)
2) Mein Breitmut hat drei Ecken. Drei Eimer stehen im Eck. (S. 23)
3) Du bist bist ein Kind, also des Lebens und vom Ernst gezeichnet. (S. 47)
4) Und viele Geister sind des Todes Ruhm. (S. 47)
5) Den Blinden gibt es der Geschlechtsverkehr im Schlaf (S. 76)
6) was du auch tust, tu es im plumpen Bereich und denk an die Frösche (S. 48)

Und weil es jetzt auch schon egal ist, lese ich Ihnen das ganze Frösche-Gedicht vor. Es ist mein Lieblingsgedicht, heißt *Klumpatsch* und geht so:

Klumpatsch

Ungern und forsch aus Technik und Wissen geboren:
sprunghaft erloschen im Hinblick vor jeder Beziehung: was du auch tust, tu es im plumpen Bereich

und denk an die Frösche: auch Wirbelstürme irren:
gib dem Fett einen Auslauf, sei Vorsehung und Sei-
de, wenn du kannst, doch gib acht auf diese dummen

Ratschläge: der Mond auf seine Art hat keinen Appe-
tit: habe dessenungeachtet Seife im Ohr, vernachläs-
sige dein Nagelbett, greif ungeschickt nach jenem

grauen Papier: wenn angesichts einer feuchten Ge-
hirngrube dein Gestirn in Phasen geht: blau, gelb,
rot und andersfarben, auch metall-blöde – zeig was

du nicht kannst und klump dich breit auseinander:
glühen kannst du noch immer: mach aus deinem unter-
entwickelten Hehl keine Herzfaust und aus den Eier-

schalen keinen Schraubstock: gescheitelt werden im
dreckigen Wetter, das sollst du: tu es im falschen
Bereich: scheu keinen Matsch, sei eine menschliche

Enttäuschung in plumper Hinsicht: galvanisch und
pieslig geboren, von der Seite erloschen, was du auch
tust: tu es dick und klitschig, ungern und forsch.

(aus: Oskar Pastior, *Wechselbalg*, S. 48)

Der Hammer! Und das ganze *Wechselbalg*-Buch ist vollgestopft mit solchen Sätzen. Ich vermute, dass ich es 25 oder 30

Mal komplett gelesen habe, vielleicht noch öfter, und dass es keinen Satz in diesem Gedichtband gibt, der nicht, absichtlich oder unabsichtlich, als Struktur in einem meiner Gedichtsätze nachgebildet ist. Wenn es gut klingt, existiert fast immer eine Pastiorstruktur als Folie. Das ist leider nicht zu ändern.

Hier folgt ein Satz fürs Vademecum:
Lyrische Sätze verweisen nicht auf, sie weisen vielmehr etwas auf. Und zwar im Zweifel: eine Struktur.

Wenn man nun die lyrischen Sätze als deutlich unterschieden von den anderen Sätzen beschreiben will, dann tut man dies normalerweise dadurch, dass man zeigt, wie verschieden der lyrische Satz seine Bestandteile organisiert und funktionalisiert. Ein alter Hut, ich mache es ganz kurz:

Das Auftauchen etwa des Wortes „Baum“ in einem Gedicht kann ganz unterschiedliche Gründe haben: sein Alliterieren mit benachbarten Wörtern im Gedicht; der mögliche Reim auf „kaum“ oder „Schaum“; seine Einsilbigkeit; das Vorkommen des Buchstaben „m“ am Wortende, die Option auf eine männliche Kadenz usw. usf. – und seine Bedeutung als der Lexikon- oder Wörterbucheintrag „Baum“ ist nur einer davon, und ganz bestimmt nicht der wichtigste.

Ein alter Hut, wie gesagt. Das Aufweisen einer Struktur aber, die ja immer auch eine rhythmische Struktur ist, scheint mir wesentlich interessanter zu sein, zumal so dem Aspekt des Un- oder Unterbewussten eine zentrale Rolle zukommt, sowohl beim Lesen wie beim Schreiben. Woraus sich allerdings, wenn ich es richtig sehe, drei, mindestens drei Fragen ergeben:

Frage 1: Geschieht denn dieses strukturelle Herbeizitieren nicht auf dieselbe Weise in gesprochener Alltagssprache?

Antwort: Ja, ich glaube, dass das immer und permanent geschieht. Nur dient es in der Alltagssprache als eine Art ästhetisches Schmiermittel für eine dann gemeinhin als angenehm empfundene Rede. Es flutscht einfach besser, wenn man sich auf konventionalisierte Formen verlassen kann. Das gilt in gleicher Weise für alle möglichen Textformen, also nicht nur für gesprochene Sprache. Trotzdem behalten die einzelnen Wörter ihre Bedeutung und ihre Referenz, es ändert sich also nichts außer dem ästhetischen Wert der Rede.

Ganz anders im lyrischen Satz: Hier scheint mir die Struktur buchstäblich die Bedeutung zu ersetzen, die Struktur *ist* die Bedeutung, zumindest kann es keine Bedeutung jenseits der Struktur geben. Und ich glaube weiter, dass diese Struktur, auch wenn der Dichter (m/w) häufig glaubt, sie gerade erst erfunden zu haben, immer eine bestehende, herbeizitierte Struktur ist. Und ihre Bedeutung resultiert aus den vorangegangenen Verwendungen dieser Struktur. Die *Wechselbalg*-Sätze scheinen mir das aufs Schönste zu demonstrieren.

Frage 2: Muss ich denn nicht vorab wissen (oder es mir aus dem Kontext erschließen), ob ich einen lyrischen oder einen beliebigen anderen Satz vor mir habe, sei er sinnvoll, sinnlos oder unsinnig? Der ursprüngliche Beispielsatz: „bei milchraum riecht es verdächtig nach kobluhn“, war jedenfalls von Anfang an dadurch kontaminiert, dass er als lyrischer Satz eingeführt wurde.

Antwort: Hier wäre die Antwort wohl wieder eine Frage und müsste wahrscheinlich lauten: Was soll er denn sonst sein? Im Wittgenstein'schen System ist jedenfalls kein Platz für ihn, da er ganz sicher nicht sinnvoll, also unter Alltagsbedingungen verifizierbar ist. Genauso wenig ist er aber sinnlos. Er ist ja weder analytisch noch grammatisch noch gibt es irgendwelche

Voranannahmen, die ihn a priori wahr oder falsch sein lassen. Am besten scheint er mir noch bei den unsinnigen Sätzen aufgehoben zu sein, aber auch das ist offensichtlich nicht die richtige Kategorie: Er ist wohlgeformt, er benutzt seine Bestandteile im Einklang mit den geltenden Regeln, und jedem seiner Teile kommt eine Bedeutung zu – es ist nur nicht immer ganz klar, welche. Aber Ambiguität macht meines Wissens noch keinen unsinnigen Satz.

Frage 3:
Nun, auch wenn das alles stimmte und einer genaueren Prüfung standhielte, wovon ja nicht unbedingt auszugehen ist, wäre das dann nicht doch nur eine folgenlose Spielerei, ein Rumgeschwurbel, das eine eh schon marginalisierte Form der Literatur, die Lyrik, dadurch komplett in die esoterische Ecke rückt, dass sie ihr jede existenzielle Dimension abspricht?

Antwort: Ganz im Gegenteil. Ich glaube vielmehr, dass durch solche Überlegungen die existenzielle Dimension erst sichtbar wird.

Hier, ein letztes Mal, Oskar Pastior.

Einfach deshalb, weil man es nicht besser sagen kann.

> Oskar Pastior:
> Am Rande, denkst du
>
> Am Rande, denkst du, denkst du Sätze, die dich den-
> ken. Du denkst, sie denken dich. In deinen Sätzen
> bist du an ihrem Rand. Du bist eine Anrandung von
>
> Sätzen, die dich an den Rand stoßen, Gegensätzen,
> und auch an denen wandelst du entlang. Sätze, die
> dich gegensätzlich denken, wandeln dich an und den-

ken Gegensätze, die du nicht denkst. An deinen Tatbeständen kommst du nicht vorbei – es sind seltsame
Sätze. Du kannst an sie denken, sie denken nicht an

dich, sie denken dich seltsam am Rande, du bist eine Anwandlung von ihnen, die an Gegensätzen nicht
vorbeikommen. Am Rande der Sätze, in denen du bist,

liegst du noch ganz am Rand, wenn du darüber hinaus
denkst. Auch sie denken dich hinüber, doch an ihren
Tatbeständen kommen sie nicht vorbei. Es sind nur

Sätze, die nur denken können. Du denkst, sie denken
dich, sie denken, du denkst sie, es ist eine Ver-
schwörung an den Sätzen, die dich nicht abwerfen

können, die du nicht abwerfen kannst, ein Inzest.
Am Rande des Denkens, solange du denkst, liegst du
in Sätzen an Sätzen, noch kann dich keiner über den

Rand verstoßen, den du nicht denkst, seltsam, du
bist nur in Sätzen in Sicherheit, die dich wiegt,
und nur in Sätzen in Freiheit, aber in welcher.

(aus: Oskar Pastior, *Wechselbalg*, S. 58 f.)

Womit ich nun tatsächlich alles gesagt hätte, was ich sagen wollte. Vielleicht sogar ein bisschen zu viel.

Bevor wir aber wirklich und tatsächlich zum Ende kommen mit den diesjährigen Heidelberger Poetikvorlesungen, möchte ich mich Ihnen noch offenbaren, gefolgt von einem unmoralischen Angebot: Ich habe mich mittlerweile so an die Stadt Heidelberg und ihre intakte Kneipenlandschaft gewöhnt, habe die Uni mit ihren Lehrenden und Studierenden sehr ins Herz geschlossen, genauso wie die ganz einfache Bürgerin, den ganz einfachen Bürger, dass ich Ihnen allen anbieten möchte, die Heidelberger Poetikvorlesungen komplett für die restliche, mir verbleibende Lebenszeit zu übernehmen. Sollte dies aus grundsätzlichen Überlegungen nicht möglich sein, was ich natürlich schade fände, aber was will man machen, könnte ich mir auch vorstellen, die Vorlesungen als eine Art syndikalistische „Sommerakademie von links unten" für lau in der Gaststätte „Vater Rhein" durchzuführen. Bierspenden würden selbstverständlich und sehr gerne akzeptiert.

Ich danke Ihnen allen ganz herzlich für Ihre Geduld und für eine wunderbare Zeit in Heidelberg!

Zitierte Literatur

Christensen, Inger: alfabet / alphabet. Aus dem Dänischen von Hanns Grössel; Münster: Kleinheinrich 1988.

Genette, Gérard: Paratexte. Mit einem Vorwort von Harald Weinrich. Aus dem Französischen von Dieter Honig; Frankfurt am Main/ New York: Campus Verlag; Paris: Ed. de la Maison des Sciences de l'Homme 1989.

Hebel, Johann Peter: Werke, 2 Bde., hg. v. Eberhard Meckel; Frankfurt am Main: Insel Verlag 1968.

Hölderlin, Friedrich: Der Wanderer, in: Die Horen 10, 6. Stück (1797), S. 69–74.

Jean Paul: Sämtliche Werke Abteilung I, Bd. 2. Die unsichtbare Loge. Hg. v. Eduard Berend; Weimar: Böhlau Verlag 1975. Neudruck der Originalausgabe von 1927.

Jean Paul: Sämtliche Werke Abteilung III, B1. 2. Briefe 1780–1793. Hg. v. Eduard Berend; Weimar: Böhlau Verlag 1986. Neudruck der Originalausgabe von 1956.

Pastior, Oskar: Anagrammgedichte; München: Verlag Klaus G. Renner 1985.

Pastior, Oskar: Gedichtgedichte; Darmstadt: Luchterhand 1973.

Pastior, Oskar: Wechselbalg; Spenge: Verlag Klaus Ramm 1980 / 1983.

Schestag, Thomas: Bibliographie für Jean Paul, in: Modern Language Notes, 113.3 (1998), S. 465–523.

Stolterfoht, Ulf: fachsprachen I–IX; Basel: Urs Engerer Editor 1998.

Stolterfoht, Ulf: fachsprachen X–XVII; Basel: Urs Engeler Editor 2002.

Stolterfoht, Ulf: fachsprachen XIX–XXVII; Basel: Urs Engeler Editor 2004.

Stolterfoht, Ulf: fachsprachen XXXVII–XLV; Berlin: kookbooks 2018.

Stolterfoht, Ulf: holzrauch über heslach; Basel: Urs Engeler Editor 2004.

Waldrop, Rosmarie: Reproduktion von Profilen. Kurze Prosa. Aus dem Amerikanischen von Hannah Möckel-Rieke; Berlin: Aufbau-Verlag 1995.

Wittgenstein, Ludwig: Werkausgabe Bd. 1. Tractatus logico-philosophicus. Tagebücher 1914–1916. Philosophische Untersuchungen; Frankfurt am Main: Suhrkamp Verlag 1984.